Celebrando
lo que somos

Celebrando lo que somos

Transcripciones editadas de los talleres de *la Vía sin cabeza*

RICHARD LANG

TRADUCCIÓN
DIEGO MERINO SANCHO

The Shollond Trust
London

Publicado en el 2017 por The Shollond Trust.
87B Cazenove Road, London N16 6BB, England
www.headless.org
headexchange@gn.apc.org

The Shollond Trust es una fundación sin ánimo
de lucro de Reino Unido registrada con el Nº 1059551

© Richard Lang 2017

Traducción: Diego Merino Sancho
diegomerinotraducciones.com

ISBN 978-1-908774-33-0

Ilustraciones: Victor Lunn-Rockliffe
Diseño de portada: rangsgraphics.com
Edición: Richard Lang

para Joy y Dale

Índice

Introducción 1
1. Directo a la experiencia 3
2. Quitando las capas de la cebolla 13
3. El experimento de apuntar 19
4. El Ojo Único 27
5. No lo entiendo 35
6. El experimento de la cartulina 37
7. El experimento de los ojos cerrados 49
8. Nada puede alterarlo 63
9. La seguridad y la inseguridad 67
10. La pasión y el desapego 71
11. El miedo a la Nada 73
12. Las cuatro etapas de la vida 75
13. El círculo sin cabeza 103
14. El sol de mi alma 107
15. Movimiento 113
16. Distancia 119
17. El experimento inclasificable 121
18. Confianza 145
19. El experimento del tubo 147
20. Comunicación bidireccional 155
21. Un relato sobre la Creación 171
22. El Gran Almacén 183
23. El pozo del tiempo 187
24. Un drama real 191
25. Una sola Consciencia 193
26. Libertad 195
27. La libertad interna 199

28 La experiencia y su significado   201
29. Bailemos   203
30. El dolor y la resistencia   205
31. El miedo a perderse a uno mismo   209
32. Ningún problema   211
33. Dudar y confiar   213
34. Recordar   215
35. La alegría sin sombra   219
36. Sentir por los demás   221
37. Poseer el mundo   225
38. Regresar al Hogar   227
39. Dos idiomas   229
40. Apertura incondicional   231
41. El Ver es independiente de los sentimientos   233
42. Compartir el Ver con los niños   235
43. Una maldición se convierte en una bendición   237
44. Fin   241
    Epílogo   243

Introducción

Dale Shimizu grabó diez de los talleres que impartí entre 2011 y 2015. A principios de 2016 me envió los archivos de audio sugiriéndome que en ellos había muchas conversaciones, preguntas y respuestas que podrían ser valiosas para aquellos que están interesados en ver quién son realmente. Comencé a escucharlos y me di cuenta de que tenía razón, por lo que me dispuse a transcribir y editar las grabaciones, combinándolas para darles la forma de un solo taller; el libro que tienes en tus manos es el resultado.

A medida que vayas leyendo el texto te irá guiando a través de los experimentos de la *Vía sin cabeza* que apuntan directamente a nuestro Verdadero Ser. Cabe esperar que te sientas como si estuvieses participando en un taller, explorando junto con los demás participantes la experiencia y el significado de quién somos realmente. También serás testigo de cómo la gente reacciona ante esta experiencia neutral y no verbal de formas muy diversas; desde un simple «¿y qué?» hasta un efusivo «¡es increíble!».

Además de dirigir nuestra atención hasta nuestro Verdadero Yo, en los talleres lo realmente importante es la experiencia. Si de verdad queremos estar despiertos a quién somos realmente no hay nada mejor que rodearnos de otras personas que participen de este Ver; es algo que resulta profundamente contagioso. ¡Y espero que este libro te contagie a ti también!

La *Vía sin cabeza* fue desarrollada por el filósofo británico Douglas Harding (1909-2007). Poco después de conocer a Douglas en 1970 (por aquel entonces yo tenía 17 años) supe que deseaba contribuir a compartir el Ver. A pesar de que no tenía demasiada experiencia en ningún otro camino espiritual, me daba perfecta cuenta de que la *Vía sin cabeza* era increíblemente directa y efectiva. Se trataba de algo especial, algo nuevo, un verdadero punto de inflexión en lo que se refiere a hacer que la experiencia de nuestro Verdadero Yo esté disponible para todos de forma rápida y sencilla. Douglas tuvo muchos amigos que apreciaban y valoraban la simplicidad y la eficacia de sus «experimentos». Juntos formaban una comunidad dispersa de personas para las que el Ver era algo normal y natural. A medida que este Ver fue siendo cada vez más conocido, dicha comunidad fue creciendo de forma gradual. Hoy en día hay muchas personas que valoran su Verdadero Ser y que están disponibles si quieres ponerte en contacto con ellas.

Viendo retrospectivamente el trabajo de Douglas Harding me doy cuenta de que la forma en la que comunicaba el Ver fue evolucionando a lo largo de los años. Por ejemplo, el desarrollo de los experimentos a finales de los 60 y principios de los 70 supuso un cambio muy significativo en su estilo de presentación. Yo continúo con el trabajo de apuntar hacia nuestro Verdadero Yo utilizando los experimentos, y veo como mi propio estilo también evoluciona. Por ejemplo, antes solía pensar inocentemente que ser consciente de mi Verdadero Yo supondría la disolución de mi sentido de separación —la fuente de gran parte, si no todo, mi sufrimiento—. Pero me he dado cuenta de que este sentido de separación no solo no desaparece sino que, en realidad, su presencia constituye una gran bendición. Esta consciencia más profunda del valor que tienen esos dos aspectos de nuestra identidad —el yo y el Yo—, también se ve reflejada en el libro.

En los últimos años también he sido cada vez más consciente de la importancia y el poder que tiene el comunicar esta Realidad a los demás. Como verás en las páginas que siguen, en los talleres suelo animar a que los participantes compartan su propia experiencia personal del Verdadero Yo con los demás. Llevar a cabo este reconocimiento de nuestra Identidad Común es algo profundamente respetuoso, hermoso y entrañable.

Bien, lo único que me queda por hacer es invitarte a participar en el taller. ¡Prepárate para una gran aventura!

Richard Lang

Capítulo 1

Directo a la experiencia

Richard: ¡Me acabo de dar cuenta de que no he preparado nada para este taller!

Sarah: Pues... ¡Qué bien! Así tú también te vas a llevar una sorpresa.

Richard: Sí, ¡sin duda! Bueno, bromas aparte, este taller trata sobre lo que somos realmente, sobre ver por nosotros mismos quién somos en realidad, y también un poco sobre la comprensión intelectual de este tema, aunque cada uno de nosotros va a tener una comprensión distinta.

Es muy probable que todos los presentes hayáis oído hablar de una forma u otra sobre vuestro Verdadero Yo. Este taller no es más que una forma moderna de abordar la pregunta «¿quién soy yo?». Lo que vas a hacer aquí es reconsiderar tu propia identidad, examinar nuevamente lo que eres observando por ti mismo con una nueva perspectiva; vas a ver cómo es ese que está sentado en tu silla desde tu propio punto de vista. Y lo cierto es que ya dispones de toda la información que necesitas para llevar a cabo esta investigación, ¡porque el sujeto de estudio ya está ahí, sentado en tu silla!

Me gustaría que te dieses cuenta de algo muy simple y muy obvio sobre ti mismo, y es el hecho de que no puedes ver tu propia cara. ¿Alguien en el grupo puede ver su propia cara? Yo, desde luego que no. En este grupo hay una sola cara que no puedo ver, y es la de Richard. Para cada uno de vosotros, de entre todas las caras que hay en este grupo, hay una que no podéis ver, y es la vuestra.

Así es que comenzamos la exploración centrándonos en el aspecto visual, dándonos cuenta de que no podemos ver nuestra propia cara, poniendo la atención en este simple hecho. En realidad es tan simple que es imposible equivocarse al respecto. Pasaremos toda la jornada de hoy tratando de focalizarnos en esta perspectiva; en ver lo que somos desde nuestro propio punto de vista. Hoy yo estoy aquí simplemente como un amigo más para compartir con vosotros la experiencia de lo que somos y para explorar las diferentes reacciones que tengamos ante ella.

Pon tus manos hacia delante de esta manera. Puedes ver tus manos y la habitación que está más allá de ellas.

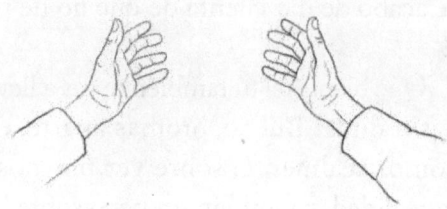

Ahora, vete desplazándolas despacio hacia ti; tus manos se van haciendo más grandes.

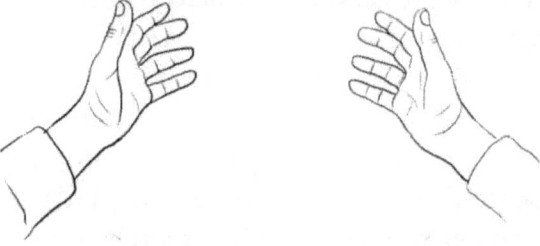

Sigue moviéndolas hasta que pasen por los laterales de tu cabeza. Vas viendo cómo van desapareciendo las muñecas, las palmas y los dedos, hasta que tus manos desaparecen totalmente.

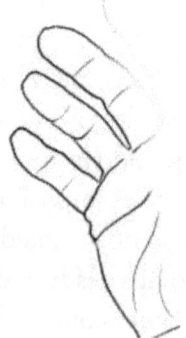

Ahora tráelas de nuevo hacia delante, de manera que puedas verlas de nuevo. Surgen de la «nada». A esto yo le llamo el Gran Vacío, la Vacuidad en la cual todo está sucediendo, el Silencio en el que aparecen todos los sonidos. Puedes llamarlo como quieras. Para mí la mayor parte del tiempo significa el mundo mismo, aunque ¡a veces no significa nada en absoluto! Lo que vamos a hacer hoy no tiene nada que ver con aprender algo concreto o incorporar algún significado en particular, sino que se trata más bien de explorar nuestras reacciones únicas y personales a esta experiencia, y en esto no es posible fallar. Ni tu experiencia ni tu reacción pueden estar equivocadas.

Hagamos el experimento de nuevo. Esto ya es en sí mismo pura meditación. No es algo que haya que aprender. No es algo que se perciba una vez y sobre lo que haya que pensar o haya que recordar después; se trata de algo a lo que hay que seguir prestando atención; simplemente sigues observando por ti mismo cómo eres. Se trata de prestar atención a cómo te ves a ti mismo, a tu propia visión de ti mismo, a tu visión en Primera Persona —cómo te ves a ti mismo va a ser diferente a cómo te ven todos los demás—.

Vuelve a mover tus manos por los laterales de tu cabeza. Tus manos crecen hasta hacerse enormes, y luego, sin ningún dolor, se disuelven en la nada. Lo que estás haciendo es llevar tu atención al lugar desde el que ves, al lugar desde el que estás mirando. Estás contemplando este lugar secreto como si fuese la primera vez, apreciando lo claro, lo vacío y lo espacioso que es, apreciando su quietud y su silencio totales. Ahora vuelve a mover tus manos hacia delante; emergen mágicamente de la Nada, de esta Consciencia misteriosa. Es la cosa más obvia del mundo. Nada podría ser más obvio que esto.

Dale: La primera vez que hice este experimento hace unos diez años —creo que la primera vez que me topé con él fue en uno de los libros de Douglas— se produjo en mí un cambio inmediato. Sentí como si de repente me hubiese puesto encima la Consciencia, como si estuviese revestido de ella. Hizo que en un instante pasara de estar en el trasfondo a estar situada en primer plano de un modo innegable.

Richard: Sí. Es como ponerse una Consciencia clara y sin límites.

Vuelve a poner las manos hacia delante una vez más y ahora fíjate en el espacio que hay entre tus manos. Es un espacio pequeño. A medida que vas desplazando las manos hacia ti el espacio que hay entre tus manos se va haciendo cada vez más grande, hasta que llega un momento en el que están a punto de disolverse en la Vacuidad. Ahora el espacio que hay entre tus manos es tan amplio como la habitación. ¿Es eso cierto para ti también? Sí. Y cuando tus manos están totalmente incluidas en el Vacío, el límite se desvanece y el Espacio continúa eternamente, es infinitamente ancho.

Se trata de una experiencia no verbal. No tiene por qué significar nada en particular. También es una experiencia no emocional; no se trata de sentirse bien o mal. Tus reacciones a esta experiencia pueden ser distintas de las mías. ¡Fantástico! No hay ninguna forma de reaccionar correcta, ningún pensamiento, sentimiento o comprensión que sean de algún modo los adecuados; se trata de una experiencia neutral. Por una parte, esto hace que no parezca algo demasiado atractivo, pero, por otra, como creo que iremos descubriendo, es una de sus mayores fortalezas, porque significa que no depende de lo que sintamos.

No tienes que creer en nada de lo que digo. En ti mismo tú eres la única autoridad. No nos queda más remedio que usar palabras para comunicarnos, pero las palabras no son aquello a lo que se refieren. Yo podría llamar a esto el Vacío, el Gran Espacio, la Vacuidad, el Verdadero Yo, la Apertura que hay aquí, Claridad, Quietud, el lugar desde el que miro, mi No-cara, mi No-cabeza... Pero puesto que tenemos la experiencia, puesto que es imposible equivocarse en esto, somos libres de usar distintas palabras y de llamarlo como queramos; no necesitamos limitarnos a una única forma de describirlo.

¿Cuánto tiempo te lleva darte cuenta de que no puedes ver tu cara? ¿Cómo de rápido puedes regresar a tu Hogar? ¿Sabéis estos anuncios de coches que te dicen lo rápido que pueden pasar de 0 a 100 km/h? Por supuesto, cuanto más rápido mejor. Pues bien, ¡la *Vía sin cabeza* es como uno de esos coches rápidos! Es el «carril rápido» de las vías espirituales. No lleva mucho tiempo poner las manos en el Vacío, ¿verdad?

Los experimentos suponen un gran avance y un verdadero punto de inflexión. En este sentido la *Vía sin cabeza* es un enfoque único, porque incluye todos estos experimentos que las otras vías espirituales no utilizan. Y además... ¡Todos los experimentos están patentados y cobramos una buena suma por usarlos! Estoy bromeando.

Hemos comenzado esta exploración a nivel visual, pero también vamos a realizarla en el contexto de los demás sentidos; veremos cómo se relaciona con los pensamientos y los sentimientos, cómo ponerlo en práctica en la vida diaria, cómo tener esta experiencia de manera continua y este tipo de cosas. Tenemos todo el día para ello. Vamos a seguir con los experimentos visuales un poco más —suponen un muy buen punto de inicio porque resulta sencillo comunicar quién somos realmente usando el sentido de la vista—.

Ya desde el principio puedes darte cuenta de algo que acompaña a esta observación: si no puedes ver tu cara, ¿qué es lo que ves en su lugar?

David: Todas las demás caras que hay a mi alrededor.

Richard: Sí. Lo llamamos «intercambiar caras». Ahora vosotros tenéis la cara de Richard y yo tengo las vuestras. Siempre que miras a alguien lo que estás haciendo es adoptar su cara y cederle la tuya. Sin el más mínimo esfuerzo. Sin tan siquiera tener que comprender nada. Simplemente es así. Estás completamente Abierto para los demás, abierto de par en par, claro y transparente, de una forma completamente segura. Es algo no verbal, albo obvio. No necesitamos comprender nada para poder darnos cuenta de ello, para poder verlo, ¿no es cierto? No hay necesidad de sentir nada en particular para captarlo. Es increíble.

Dale: Lo que más valoro de este enfoque en particular es la inmediatez del reconocimiento. Para mí resulta esencial comenzar el viaje desde esa «posición sin posición», desde ese lugar que es un No-lugar, porque toda esa confusión que acompaña al hecho de estar identificado con un buscador queda completamente disipada en la mismísima inmediatez de ver esto por uno mismo. Esta forma no verbal de señalar es maravillosa. Después de esto, la investigación deconstructiva y todas esas otras técnicas de las que uno escucha hablar comienzan a cobrar sentido. Pero cuando no tenemos una experiencia directa, todas esas cosas no son más que pensamientos, cosas externas a nosotros que no podemos incorporar realmente, que no penetran hasta el núcleo.

Richard: Gracias. Vamos a mantener una conversación ininterrumpida sobre este tema durante todo el día. Vamos a ir realizando muchos experimentos que nos permitirán vivir esto por nosotros mismos, y espero que os sintáis cómodos y compartáis vuestras reacciones a medida que vayamos avanzando, porque resulta muy inspirador para el resto del grupo escuchar las diferentes reacciones que tiene cada uno. ¡Al Uno le gusta escucharse a sí mismo hablando con muchas voces distintas! Según vayamos haciendo las dinámicas a lo largo del día surgirán muchas oportunidades para compartir nuestras reflexiones, nuestros puntos de vista, etc. Como digo, cada uno tendrá una reacción diferente. Es algo a lo que damos la bienvenida; no estamos aquí para estar todos de acuerdo. Quitémonos esa idea de la cabeza.

Anne: Eso me gusta.

Richard: Y especialmente conmigo; ¡no estéis de acuerdo conmigo! Lo que queremos hacer aquí principalmente es poner la atención en cómo es ser uno mismo, y eso es algo en lo que no podemos fallar, en lo que no podemos equivocarnos. Tú estás situado en el lugar perfecto para ver lo que eres en tu propio Centro. Este enfoque es totalmente experimental, moderno, simple y directo. Y tener una mente abierta es lo mejor para ir explorando todo esto durante este taller; relájate todo lo que puedas, mantén la mente abierta y sé curioso.

Como ya he dicho antes, hoy os voy a animar a que uséis vuestra propia voz, a que expreséis y reafirméis en público vuestra propia observación de quién sois realmente. Cuando se articula, cuando la ponemos en primer plano y la expresamos en palabras, la consciencia de quién somos realmente se hace mayor. ¿Puedes ver tu propia cara ahora mismo?

Michael: ¡No!

Richard: En lugar de tu propia cara, ¿puedes ver las de todos los demás?

Michael: ¡Sí!

Richard: No os estoy pidiendo que digáis nada que no sea cierto. Si no es cierto para ti mismo, no lo digas. Obviamente, los demás sí que pueden ver tu cara, y tú mismo puedes verla en el espejo, o puedes imaginártela, pero el hecho es que no puedes verla en tu Centro. Yo desde luego no puedo ver mi propia cara aquí, en mi Centro. Esto es algo evidente, ¿verdad? Es increíblemente obvio. No estamos comenzando con ninguna teoría mística difícil de comprender. En realidad estamos haciendo algo que hasta un niño de cinco años podría hacer.

Obviamente, sí que puedes verte la nariz. Si cierras un ojo ves que tu nariz es muy grande —de hecho, ¡tienes la nariz más grande de todas las que hay en la habitación!—. Va desde el techo hasta el suelo. Pero no está pegada a nada. Surge de la nada.

Si en este momento alguno de vosotros está pensando: «¡Madre mía! ¡Dónde me he metido!». Bueno, es muy sencillo. Simplemente estamos observando cómo es ser uno mismo. Estamos siendo conscientes de la diferencia que hay entre nuestra identidad pública, que es *como nos ven los demás*, la apariencia que tenemos para los otros, y nuestra identidad privada, que es lo que somos *para nosotros mismos*. Tan solo tú puedes ver qué o cómo eres para ti mismo. Es algo secreto. De hecho, una de las razones por las que podemos subestimar nuestro Verdadero Yo es que nadie más puede verlo. Puesto que yo soy el único que puede ver que no tengo cara, acabo creyendo que debo de estar equivocado y que los demás deben de tener razón. Todos los demás me dicen que tengo una cara aquí —en esta habitación vosotros sois veinte y yo soy solo uno, así es que me superáis claramente en número—. Son los otros los que me convencen de la falsedad de la realidad de mi carencia de rostro. Lo que estoy haciendo ahora es aclarar las cosas. Vosotros, los demás, tenéis razón desde ahí —para vosotros tengo una cara—, y yo tengo razón desde aquí —pues, para mí mismo no tengo ninguna—. La diferencia que existe entre nuestra identidad pública y nuestra identidad privada es increíble. Cuando miro desde mi No-cara lo que hago es acoger las vuestras, acojo el mundo. ¡Soy Espacio para el mundo entero!

Hay que dejar claro desde el principio que ver quién eres realmente no tiene por qué ser necesariamente una experiencia asombrosa o emocionante; es simplemente estar atento a cómo es ser tú, independientemente de lo que estés sintiendo. Si no tienes ninguna experiencia cumbre está perfectamente bien; aún sigues viendo con la misma claridad quién eres realmente.

Joy: Estoy segura de que hay algo que no he entendido bien, que me estoy perdiendo algo.

Richard: No lo creo. ¿Puedes ver tu propia cara?

Joy: No.

Richard: Ahí lo tienes. Eso es todo. Como digo, tenemos que distinguir entre la simple observación de este hecho y cómo reaccionamos a él o qué es lo que significa para cada uno de nosotros. Es inescapable —tienes la experiencia—, pero el significado que tenga para ti será totalmente distinto del que pueda tener para mí, para Dale o para cualquier otra persona. Incluso es posible que para ti no signifique nada. Así es que tenemos que distinguir entre nuestras reacciones y la experiencia en sí. La idea de este taller es investigar esta experiencia desde diferentes ángulos, no solo basándonos en el sentido de la vista sino también en otros aspectos no visuales. Le iremos dando vueltas durante todo el día y, al final de la jornada, veremos lo que significa para cada uno de nosotros —si es que significa algo—. Pero te aseguro que tienes la experiencia, porque no puedes ver tu propia cara. Si ahora me miras a mí, ¿qué cara ves?

Joy: La tuya.

Richard: Sí. Por lo tanto podemos decir que estamos «cara a No-cara». ¿Es eso cierto para ti también? Sí. Así es que ahora la cara que tienes es la de Richard y no la de Joy, ¿cierto? Resulta muy hermoso.

Dale: Quizá Joy se acuerde de esto. En cierta ocasión tuve una experiencia muy intensa de este estar cara a No-cara. Me estaba mirando en el espejo y, de repente, tuve una sensación muy profunda de que no había ninguna cabeza aquí y de que había una cara allí. Realmente me caló muy hondo. Entonces comencé a observar de forma muy minuciosa los detalles y las características de aquel que estaba en el espejo. Luego le pedí perdón a Joy diciéndole: «Te pido disculpas por tener que ver a ese tipo, ¡porque yo no lo veo!». Sentía compasión por ella, ¡porque yo me llevaba la mejor parte en este intercambio!

Richard: Sí, como en ese verso humorístico atribuido a Woodrow Wilson que dice:

> No soy ninguna estrella en cuanto a mi hermosura.
> Muchos otros gozan de una belleza más pura.
> Mas mi rostro no ha de preocuparme,
> pues de él yo me encuentro detrás;
> los que han de sufrirlo son los demás.

Voy a ir situando esta experiencia de no tener cara en diferentes contextos. Para comenzar, consideraremos lo que dicen las grandes tradiciones espirituales. Si las reducimos a su esencia más fundamental nos damos cuenta de que todas ellas dicen una única cosa, que es que el lugar en el que estás es milagroso. Este Milagro no ha nacido y no morirá. Todo va y viene, todo aparece y desaparece excepto este Milagro, el Milagro de Ser, el Milagro de Mí mismo, del Yo Uno. Los grandes místicos afirman que tú eres ese Milagro, el Yo Uno, que en tu interior está el Reino de los Cielos, Dios, el Único que existe. ¡Qué afirmación tan sorprendente! Lo que vamos a hacer hoy en este taller es poner a prueba esta afirmación y comprobar si es cierta o no. Los grandes místicos dicen también que la mayor parte de las personas no son conscientes de lo que son realmente. Proclaman que es increíble que la gente no sea consciente de ello, porque es algo tan obvio que habría que estar borracho para no verlo. Sin embargo, verlo y comenzar a vivir conscientemente desde lo que somos realmente es algo que nos cambia la vida. Esa es la promesa, pero depende de cada uno de nosotros poner a prueba la validez de esa afirmación.

Capítulo 2
Quitando las capas de la cebolla

Richard: Aquí tenemos un modelo diseñado por Douglas Harding en la década de los setenta de cómo es el yo, el individuo. Lo llamamos el Explorador del Tuniverso. (Douglas Harding fue quien elaboró la filosofía subyacente de la *Vía sin cabeza* y quien creó y desarrolló los experimentos).

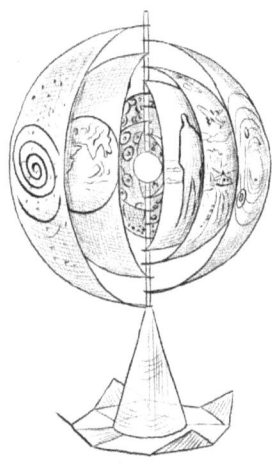

Vosotros me estáis viendo ahora desde unos metros de distancia, de forma que lo que veis aquí es una persona, pero si os acercaseis a mí con los instrumentos adecuados perderíais mi apariencia humana y, en su lugar, lo que veríais sería un trozo de piel, y, si os acercaseis más aún, células. A su vez, si os acercaseis a mis células veríais las moléculas que las componen. Es como pelar una cebolla. Al acercaros a mis moléculas —¡ahora estoy desapareciendo muy rápidamente!— lo que veríais serían los átomos y las partículas que los componen. Lo que haríais sería penetrar cada vez más en la Nada que hay en mi Centro. Podríais acercaros mucho, pero nunca llegaríais justo donde estoy yo —aquí, a distancia cero— ni veríais lo que yo soy aquí. Pero yo sí que estoy aquí, y lo que veo es que soy esta Nada.

Si en lugar de acercaros os alejaseis de mí llegaría un momento en el que veríais todo Levittown, después los EE. UU., luego el planeta y finalmente nuestra estrella, el Sol. Todas estas son apariencias mías y vuestras; son el aspecto que tenemos a distintas distancias. Es realmente hermoso. Nuestro cuerpo está constituido por capas, por niveles. Para poder estar sentados aquí y respirar necesitamos de absolutamente todas estas capas; necesito mis pulmones, necesito las células que los forman y las moléculas que, a su vez, constituyen mis células. También necesito la atmósfera, la luz del sol... Todo es un mismo y precioso sistema viviente. Así es como funciona. Esto es lo que somos, quien somos realmente. Es increíble. Se trata de una nueva forma de considerarnos a nosotros mismos. Tenemos que ponernos al día con lo que la ciencia nos dice sobre nosotros mismos. Hemos de actualizar lo que creemos que somos para que concuerde con la información que nos proporciona la ciencia.

Y no es tan solo que la ciencia nos esté reflejando este cuerpo multinivel que tenemos, sino que también nos identificamos ya como muchos de estos niveles. Por ejemplo, yo me identifico con ser Richard, con ser inglés, con ser europeo, con mi planeta —al menos, sería deseable que, por lo menos a veces, me identificase con mi planeta—. Y luego sigo expandiéndome hasta sentir en nombre de mi estrella, del Sol. Si fuésemos atacados por otra estrella o por otra galaxia —si estallase la Guerra de las Galaxias— nuestra propia estrella estaría bajo amenaza y yo sentiría que estoy en peligro. Pero después, al momento siguiente, puede que esté identificándome con mi equipo de fútbol. Es decir, me contraigo. En un momento estoy preocupado por mi sistema solar y al momento siguiente estoy pensando en el gol que mi equipo acaba de fallar. Después pienso en el dolor que tengo en la rodilla, y luego ¡en cómo está la economía de mi país! Estamos todo el tiempo expandiéndonos y contrayéndonos.

Las fotos en el exterior de las capas del modelo representan lo que ven los demás al mirarnos desde diferentes distancias. Las imágenes que hay en la cara interna de las láminas representan tu propia visión desde tu Nada central, lo que ves hacia fuera, tu visión externa. Si miras hacia fuera, lo que puedes ver primero, a poca distancia, es tu nariz y el resto de tu cuerpo sin cabeza. Si miras más a lo lejos

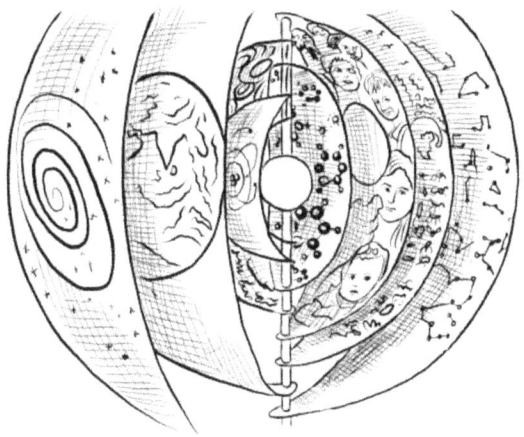

ves a otras personas. Más lejos aún ves los edificios, las nubes, y después la Luna, las estrellas y las galaxias. Tu visión hacia el exterior, lo que ves desde tu Centro Vacío, está constituido por niveles al igual que la visión interna —es decir, al igual que cómo te ven los demás cuando miran hacia ti—. Es una configuración verdaderamente hermosa. Así es que cuando digo que miro hacia dentro, hacia mi propio Centro, lo que quiero decir es que estoy mirando hacia el Centro de todas estas capas, de todos estos niveles. Este modelo sitúa la experiencia de tu Nada central en el contexto de tu precioso cuerpo-mente multinivel. Lo cierto es que aún no hemos despertado a la realidad de nuestro propio cuerpo-mente multinivel. Reconocemos tan solo algunos pequeños fragmentos y por ello consideramos que somos una pequeña parte de todo este conjunto. Pero ahora, observando este modelo, podemos comprender que en realidad se trata de un único organismo vivo.

La principal pregunta que vamos a estar cuestionándonos hoy es «¿quién o qué es lo que está en el centro de todas estas capas?». Los demás pueden decirte cómo es tu cuerpo a todas estas distancias, pero nadie salvo tú mismo puede decirte lo que eres en el Centro de todas estas capas, porque únicamente tú estás ahí. La esfera transparente que hay en el centro de esta maqueta representa lo que eres a distancia cero. El propósito de los experimentos que vamos a realizar es dirigir nuestra atención al Centro de todas estas capas que nos constituyen; observar cómo es la Realidad que subyace bajo todas nuestras apariencias. Los grandes místicos del mundo dicen que en el Centro eres el Uno, la Fuente, Dios. Cuando yo miro aquí, cuando observo lo que hay a distancia cero, no veo ni mi cara ni ninguna otra cosa. Lo que veo es esta Apertura que está llena de todo este universo formado por muchas capas distintas. ¡Ahora puedo verificar que los místicos tenían razón!

Vuelve a poner tus manos en el lugar desde el que miras. Aquí estás —eres— Vacío, Claro y Transparente. Es autoevidente que aquí eres consciente, que aquí estás despierto. Aquí puedes decir: «Sí. YO SOY».

Dale: Cuando Richard me mostró por primera vez este modelo me ayudó mucho a la hora de conectar muchas de las cosas que estaba explorando. Obviamente, a nivel espiritual la pregunta es «¿quién o qué es lo que hay realmente aquí?». Al principio yo no seguía ningún camino espiritual y para mí esto, mi apariencia, era la única realidad. Y también era lo único que podía ver en los demás, su apariencia física. Las otras personas eran también únicamente esto, su apariencia. Después comencé a conocer las otras dimensiones, todo esto de que cuanto más te acercas a alguien más desaparece. Pero, en ese momento, aún no conocía este Centro. Me di cuenta de que hay mucha gente que se enfoca o se interesa mucho más en una sola de estas dimensiones dejando de lado las demás. Por ejemplo, los biólogos parecen estar muy interesados en el nivel celular, los psicólogos en el nivel humano, los ecologistas se preocupan más por un nivel superior... Parece que cada uno tiene su parte del pastel, pero nadie se cuestiona que es lo que hay en el Centro. Yo siempre lo pasaba por alto porque no se parece a ningún otro nivel, en el sentido de que nunca va ni viene, no tiene forma, no tiene color. Entonces, ¿cómo podemos hacer para dirigir la atención a esta Realidad? Este es el motivo por el que hacemos los experimentos. Y son geniales.

Ahora puedo ver lo que hay aquí. Es muy simple, y, sin embargo, ninguno de todos estos otros niveles tiene lugar nunca fuera de este Espacio; yo nunca jamás he tenido ninguna experiencia que ocurriese fuera de esta Capacidad. Este modelo es realmente genial por la manera en la que relaciona y une todas las partes. Uno podría estar contemplándolo y reflexionando sobre ello todo el tiempo.

Capítulo 3

El experimento de apuntar

Richard: Este es un experimento muy simple para comprobar por nosotros mismos lo que los grandes maestros espirituales dicen sobre quién somos en nuestro Centro, para comprobar si es cierto o no. Vamos a apuntar hacia nosotros mismos y a fijarnos con atención en qué y en cómo somos. ¡Así de simple! En primer lugar vamos a dirigir nuestra atención hacia objetos que estén lejos, después a cosas que estén más cerca, y, finalmente, justo hacia el lugar desde el cual estamos mirando.

Para este ejercicio os hará falta un dedo. ¿Todo el mundo tiene un dedo? ¿Lo habéis traído con vosotros? ¡No sé si lo incluimos en la lista de cosas que había que traer al taller!

Para empezar, apunta hacia el suelo. Apuntamos simplemente como ayuda para dirigir nuestra atención hacia el objeto al que estamos apuntando, así es que observa aquello a lo que estás apuntando. Ves que el suelo tiene colores y formas. Es una cosa. Esta observación es totalmente sencilla y obvia; no necesitas preguntar a nadie más cómo es lo que hay ahí. Lo ves por ti mismo.

Ahora apunta a tu zapato. Igualmente puedes darte cuenta de que tiene un color, una forma, una textura; también es una cosa. Para ver tu zapato no tienes que saber cómo se fabricó ni nada por el estilo; simplemente lo ves. Ahora apunta a tu rodilla. Nuevamente, se trata de una cosa.

Apunta a tu pecho. Una vez más ves colores y formas, y puede que también el movimiento de tu respiración.

Ahora mantén el dedo justo en frente de ti y apunta con él hacia el lugar en el que los demás ven tu cara. ¿Qué es lo que ves en ese lugar hacia el que estás apuntando? ¿Qué hay ahí?

No ves tu cara, ¿verdad? Ahora estás apuntando a un lugar muy especial, al lugar desde el que miras.

No te hace falta preguntar a nadie qué es lo que hay ahí porque puedes mirar por ti mismo. De hecho, nadie más tiene ninguna autoridad para decirte qué es lo que hay ahí, porque los demás están a unos cuantos metros de distancia, mientras que tú estás justo ahí; eres el único que está a este lado del dedo que señala. Todos los demás te dirán que estás señalando a tu propia cara, pues eso es lo que ellos ven desde una cierta distancia, pero tú estás a este lado del dedo, en el lugar al que está señalando, a distancia cero. ¿Qué ves ahí? Yo no veo ninguna cara aquí; ningún color, ninguna forma, ningún movimiento, ningún borde, ninguna edad... Nada.

Tú eres la única autoridad a la hora de decir cómo son las cosas justo en donde estás, en el lugar desde el que miras, en el lugar desde el que vives. Justo ahí, ¿eres pequeño o eres ilimitado? Yo soy ilimitado, quieto, silencioso.

¿Necesitas tener alguna palabra con la que poder nombrar esto para poder verlo? No. ¿Tienes que entender cómo está hecho? No.

Se trata de una experiencia no verbal. Puedes describirlo como prefieras. Dado que tienes la experiencia puedes usar cualquier palabra que sea relevante para ti. Ahora os pediría a tres o cuatro de vosotros que describieseis cómo es esto para vosotros.

Participantes: Nada. Frustrante. Como un reflejo. Una ventana. Transparencia. Expansión. Misterio.

Apuntar en dos direcciones

Ahora, mientras sigues apuntando con una mano hacia el lugar en el que los demás ven tu rostro, utiliza el dedo índice de la otra mano para señalar a la vez hacia fuera.

Con este otro dedo estás apuntando hacia la sala; apunta hacia mil formas y colores, hacia el movimiento, etc. Esto te indica que el Espacio que eres en el Centro no está simplemente vacío sino que también está lleno. ¿Cierto? Es un Espacio lleno. Está vacío para ser llenado. Ahora mismo está lleno con esta sala y con todas las personas que la ocupan. También está lleno de sonidos, de sentimientos y de pensamientos. En esa dirección, hacia fuera, todo está lleno de vida, de color, de formas... de todo.

Este gesto de apuntar en las dos direcciones también nos indica que no hay ninguna línea divisoria entre el Espacio y lo que llena este Espacio. No puedo ver mi No-cabeza sin ver al mismo tiempo lo que está sucediendo en su interior. No puedo ver el Vacío sin ver a la vez todas las formas que están surgiendo de él. Aquí, en el Centro, hay simplicidad, vacío, mientras que ahí fuera hay complejidad y está lleno de cosas, pero estos dos aspectos diferentes no están separados el uno del otro.

Hoy, de formas distintas, vamos a traer la atención de vuelta a nuestro Verdadero Yo, a este Espacio Abierto, a esta Consciencia que siempre está llena de algo. Pasar todo el día juntos poniendo el foco de atención en esta Consciencia es motivo de una gran alegría. Esto es lo más fácil de ver, pero seguir viéndolo de forma continua, ser consciente de ello permanentemente, es otra cuestión, y en eso es en lo que nos vamos a centrar hoy. Además de para apuntar hacia esta Realidad, este taller también es para descansar en ella, para celebrarla y para compartir las diferentes reacciones que tengamos ante ella. ¿Hay algo que queráis comentar o alguna reflexión que queráis hacer de lo dicho hasta ahora?

Paul: Cuando apuntamos aquí y miramos, ¿todo el mundo ve lo mismo?

Richard: Cuando apuntas a tu Centro, ¿ves algún color?

Paul: No.

Richard: Yo no veo que aquí haya ninguna forma. ¿Ves tú alguna forma ahí?

Paul: No.

Richard: Entonces, al menos en esos dos aspectos vemos lo mismo, ¿cierto?

Paul: Cierto.

Richard: Tampoco percibo ningún movimiento aquí. ¿Percibes tú algún movimiento ahí?

Paul: No.

Richard: Por lo que parece, estamos de acuerdo.

Paul: Sí, ciertamente.

Richard: Cuando miro hacia fuera, mi visión se termina en lo que sea que esté viendo, en el objeto al que mire, pero cuando miro hacia dentro mi visión no termina en ningún sitio. ¿Es eso cierto para ti también?

Paul: Sin duda.

Richard: Por lo tanto parece que lo que yo percibo aquí es lo mismo que lo que tú percibes ahí. Este gesto de apuntar nos indica las dos direcciones: hacia dentro y hacia fuera. Lo que vemos hacia fuera cada uno de nosotros es diferente, pero lo que vemos hacia dentro es exactamente lo mismo porque no es nada; no tiene forma, no tiene color, no tiene movimiento...

Bill: Me ha parecido bastante desconcertante cuando hemos hecho el primer experimento. Me refiero al hecho de darme cuenta por primera vez de que yo soy el único «yo» que hay. Estoy rodeado por otras personas, pero aún así yo sigo siendo la única persona que es yo. Soy el único que interpreta las cosas para mí. Resulta desconcertante.

Richard: ¿Te refieres a la sensación de sentirte solo?

Bill: Sí, exacto.

Richard: Cuando pensamos en nosotros mismos como en seres individuales separados, digamos, por ejemplo, en medio de una multitud, puede que nos sintamos solos, aislados. Pero cuando vemos esto, esta Soledad es muy diferente, porque ahora incluye a los demás. No se trata de algo que te separe, sino de un Espacio único que acoge los rostros de todo el mundo en su seno. Se trata de una «soledad por inclusión», que es muy distinta de la anterior, de la «soledad por exclusión».

Creo que es buena noticia si en algún momento sientes que esta experiencia te resulta desconcertante, porque significa que te lo estás tomando en serio. Asientes con la cabeza, así que parece que estás de acuerdo conmigo.

Barbara: Es sorprendente. Es algo que te hace ver la sala y a todo el mundo de una manera mucho más holística que antes. Llego aquí —para mí esta mañana ha sido agotadora—, me siento con toda esta otra gente y de pronto me doy cuenta de que todas estas cabezas aparecen en este Espacio y, bueno, es algo que me ha dejado boquiabierta.

Richard: Darse cuenta de esto es estar despierto. Y aunque por un lado es algo novedoso y sorprendente, por otro también resulta muy familiar. ¿Estáis de acuerdo?

Barbara: Sí.

Andrew: Es algo que siempre ha estado ahí. Nunca ha faltado, nunca ha estado ausente. ¡Resulta más que familiar! Siempre está ahí.

Brian: Sí, siempre está ahí, pero resulta tan fácil enturbiarlo, confundirlo y perderlo de vista.

Richard: Sí. Lo pasamos por alto. En cierto sentido podríamos

decir que lo buscamos en el lugar equivocado.
 Brian: ¡Todos deberíamos dar unos cuantos pasos atrás! Así volveríamos a poner la atención en esto. Volvería a ser lo importante, a estar en primer plano.
 Richard: Hay un dios romano llamado Janus que tiene dos caras. Una de ellas mira hacia delante y la otra hacia atrás. Podríamos decir que este dios es una metáfora de esto, de este mirar en dos direcciones. Ponemos nuestra atención simultáneamente en dos direcciones; hacia el Espacio interno y hacia fuera, hacia el mundo externo.
 Y lo cierto es que ya tenéis la experiencia no verbal. No podéis conseguir o ser más Nada de lo que ya lo sois ahora mismo. La experiencia en sí es absolutamente simple y es la misma para todos. No puedes ver tu propia cabeza y, en su lugar, ves el mundo. ¿Es así también para vosotros?
 Brian: Sí.
 Richard: ¡Sí! Expresar cuál es vuestra experiencia en público es muy importante. «Sí, es cierto; en lugar de mi cabeza lo que veo aquí es el mundo». Creo que es fundamental decirlo en voz alta porque, de un modo u otro, nos pasamos el día entero afirmando lo contrario, que somos cosas separadas. Cuando yo digo: «Soy Richard», lo que estoy haciendo es asumir el punto de vista que vosotros, los demás, tenéis de mí. Lo que estoy diciendo es: «Acepto que yo soy aquí lo mismo que vosotros veis desde ahí». En cambio, lo que estoy afirmando ahora es: «¡No! ¡Aquí no es así en absoluto! Para mí mismo yo no soy Richard, ¡soy Espacio para el mundo!». Ahora estoy hablando y expresándome desde mi propio punto de vista.
 No estoy tratando de engañaros o de convenceros de nada que no sea cierto para vosotros. En lo que respecta a determinar cómo es ser tú mismo, tú eres la única autoridad.
 Diana: Pero yo sí que puedo sentir algo aquí, en la frente.
 Richard: Bien, veamos de qué se trata. Sé consciente de esa sensación. ¿Tiene algún color?
 Diana: No.
 Richard: ¿Cómo es de grande?

Diana: No podría decirlo.

Richard: ¿Esas sensaciones que tienes conforman un objeto sólido, consistente, con un color determinado, una cabeza, o son simplemente sensaciones que aparecen en la Consciencia?

Diana: Las sensaciones que tengo simplemente son sensaciones en la Consciencia. No forman ninguna cabeza aquí.

George: Yo puedo ver mis gafas.

Richard: Muy bien. Observa tus gafas. Puedes apreciar su forma ovalada. Lo que sea que veas de tus gafas siempre va a ser algo que está ahí, en tu visión externa, siempre va a formar parte de lo que ves hacia fuera. Pero, ¿ves algún rostro, alguna cara ahí, detrás de tus gafas?

George: No.

Richard: El Espacio que está en tu lado de las gafas es absolutamente claro y transparente. Las gafas hacen que enfoquemos el mundo para poder verlo nítidamente, pero no modifican en absoluto el Espacio que hay aquí ni tampoco obstaculizan tu visión del Espacio. Estás mirando a través de las gafas, pero desde el Espacio.

George: Tengo la sensación de que esta Realidad es como estar en el cine.

Richard: Sí, y no hay nadie ahí que esté viendo la película.

George: ¿A qué te refieres?

Richard: Cuando apuntamos hacia aquí estamos apuntando hacia nuestra No-cara. Cuando apuntamos también con la otra mano estamos señalando a todo lo que hay en esta habitación. Este «apuntar en dos direcciones» nos está indicando que esta Vacuidad de aquí no está simplemente vacía, sino que también está completamente llena con la película. Ahí está la película. En la película puedes ver el borde de tus gafas, ¡y también tu enorme nariz! Pero en tu lado de la película lo que hay es vacío. No hay ninguna persona que la esté viendo. Cualquier cosa que experimentes está en la película —tus pensamientos, tus sentimientos, tus reacciones y tus sensaciones, incluyendo las sensaciones que tienes en la cabeza—. Podríamos decir que es una película multisensorial. Pero a este lado de todo eso —en tu lado— lo único que hay es Espacio para todo ello. No cabe duda que a la mayoría de la gente le surgen muchas dudas, problemas y dificultades cuando son conscientes de esto. Seguramente diréis: «Sí, pero...», lo cual está muy bien. De hecho, sería muy extraño que no surgiesen dudas y dificultades, porque esta forma de verse a uno mismo es muy diferente del punto de vista social que aceptamos normalmente. Este punto de vista social, la forma en la que te ve la sociedad, es cómo te ven los demás —con una cabeza, con un fondo detrás de ti, separado de los demás—. Lo que estamos haciendo hoy aquí es tomarnos en serio nuestro propio punto de vista.

Por supuesto, lo importante es cómo aplicamos esta comprensión en nuestra vida diaria. Esa es la verdadera prueba. ¿Supone realmente una diferencia en tu vida el hecho de estar despierto a tu Verdadera Naturaleza? Yo digo que sí. Por ejemplo, cuando os miro y soy consciente de que tengo vuestras caras en lugar de la mía, me doy cuenta de que vuestras caras son mías, de que no hay ninguna distancia, de que estoy completamente Abierto para vosotros, que es cara ahí a No-cara aquí. Estoy absolutamente Vacío para vosotros; no hay nada aquí que se interponga en el camino. Y esto tiene unas implicaciones muy profundas en cómo nos relacionamos con los demás. Ahora puedo mirar a Phil y decirle: «Tú tienes la cara de Richard en lugar de la de Phil, y yo tengo tu cara en lugar de la mía». A esto lo llamamos «intercambiar caras». Otra forma de expresarlo sería: «Tú estás en mí. Yo estoy en ti». Se trata de un gran remedio contra los sentimientos de separación, de aislamiento, de soledad. De hecho, darnos cuenta de que todos los demás están dentro de nosotros es puro amor. Ver que estamos diseñados para estar plenamente abiertos a los demás, que somos los demás, es la verdadera base del amor.

Una de las cosas que haremos en este taller será ayudarnos unos a otros a prestar una atención continuada a esta Consciencia. Además, es algo contagioso. Hoy vamos a contagiarnos unos a otros con este darnos cuenta de lo que somos realmente.

Capítulo 4

El Ojo Único

Richard: Ahora vamos a hacer otro experimento visual —llegaremos a los experimentos no visuales en un momento—. Observa desde cuántos ojos estás mirando. ¿Por qué te pregunto esto? Porque si estás mirando desde dos ojos entonces eres una «cosa» y estás separado del resto del mundo; estás dentro de esa cosa sólida, de tu cabeza, y estás encerrado en ella. Pero, ¿qué pasa si te estás equivocando? ¿Y si en realidad no estuvieses encerrado? ¿Y si no estás confinado dentro de una cabeza, mirando por las mirillas de dos pequeños ventanucos, sino que en lugar de eso estás abierto de par en par? ¿Y si eres inmenso, ilimitado, libre? Merece la pena dedicarle unos minutos a examinar cómo es eso desde lo que estamos mirando, ¡a comprobar si estamos o no metidos en una prisión! Si estamos cometiendo un error fundamental respecto a lo que somos en el Centro, entonces es muy probable que este error afecte también a la forma en la que nos relacionamos con los demás, a la forma en la que vivimos. ¡Muy bien podría estar afectando y complicando innecesariamente todos los aspectos de nuestra vida!

Por lo tanto, volvamos a examinar y a reconsiderar con una nueva actitud ese lugar desde el que miramos para dilucidar así qué es lo que somos realmente. Según tu propia experiencia, ¿desde cuántos ojos miras? Para responder a esta pregunta ponemos las manos de esta forma, haciendo dos círculos con los dedos como si fuesen unas gafas —si usas gafas, simplemente puedes sostenerlas en frente de ti en lugar de hacerlas con las manos—.

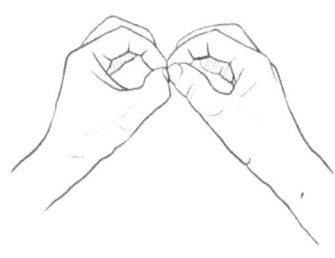

Vemos que hay una línea divisoria entre los dos círculos o las dos lentes de las gafas, y que lo que se ve desde cada círculo o desde cada lente es diferente. Ahora, vete acercando lentamente las gafas —reales o hechas con las manos— hasta ponértelas. Observa qué le va ocurriendo a la línea divisoria. Póntelas completamente. ¿Qué le ha ocurrido a la línea divisoria?

Ellen: Ha desaparecido.

James: Los dos círculos se han convertido en uno.

Richard: Sí. A esto le llamamos el Ojo Único. Puedo ver dos ojos en el espejo, los demás ven mis dos ojos cuando me miran y yo mismo puedo imaginármelos aquí, pero la realidad es que solamente veo Uno aquí.

Pon tus manos en el borde de tu campo de visión —lo que yo denomino «la Visión»— y date cuenta de que todo alrededor de él tus manos desaparecen en esta Apertura, en este Ojo Único. ¡Es un único Gran Ojo! Todo está dentro de ese Ojo. ¿Estás tú también mirando desde un Ojo Único?

Participantes: Sí.

Richard: Admitir en público la verdad respecto a quienes somos es algo muy poderoso. ¡Os estoy confesando a todos vosotros que tengo un Ojo! Veo el mundo desde una única Apertura. ¡Todo el mundo está dentro de mi Ojo Único! Aunque, por supuesto, no se trata de un «ojo» en absoluto, pues no tiene forma ni color; «ojo» es tan solo una forma conveniente de llamarlo.

Natasha es una amiga mía que vive en Moscú y que ha asistido a varios talleres, así que ya ha realizado este experimento en varias ocasiones. Un buen día, mientras iba caminando por la calle, un niño pequeño al que ella no conocía la paró y le dijo si le podía enseñar un truco de magia. Natasha le dijo que sí. El niño, que llevaba un par de pastelitos con forma de rosquilla, le dijo: «¡Puedo hacer que estos dos pastelitos se conviertan en uno!». A lo que Natasha respondió: «Muy bien. Enséñame cómo». Y ya podéis imaginar lo que sucedió después. El niño se puso los pastelitos en los ojos de la misma manera que acabamos de hacer nosotros con las manos o las gafas. Por supuesto, Natasha era consciente de lo que estaba viendo el niño. Después, este le preguntó si quería probar. Así que Natasha cogió los pastelitos y se los puso delante de los ojos y, lógicamente, vio cómo esos dos agujeros se convertían en uno. Pero cuando el niño la observó hacer esto puso cara de desilusión: «Oh, vaya, ¡contigo no funciona!». Supongo que aún no había establecido la diferencia entre su visión de sí mismo tal y como se veía con el Ojo Único y cómo le veían los demás —con una cara y un par de ojos—. Tal vez ese fue un momento importante en su desarrollo, el instante en el que se dio cuenta de que: «¡Nadie puede ver mi Ojo Único salvo yo!», lo cual está muy cerca de la comprensión: «Dado que nadie salvo yo puede ver mi Ojo Único, entonces no debe ser cierto que yo tenga un Ojo Único. Todos me dicen que tengo dos ojos. Supongo que yo estoy equivocado y que son los demás los que están en lo cierto. Así es que ahora acepto que tengo dos ojos». Ese es el paso que damos para meternos en esta caja con dos agujeros.

¿Cómo es de grande nuestra visión?

Mira dos objetos cualesquiera de la sala. Puedes comparar sus tamaños. Puedes apreciar que uno de ellos es un poco más ancho que el otro, que es un poco más alto, etc. Cualquier cosa de todas las que podemos ver en la sala es más grande, más pequeña o aproximadamente del mismo tamaño que cualquier otra cosa. En este sentido, el tamaño de un objeto es relativo.

Ahora pon la atención y sé consciente de la totalidad de lo que ves, de la Visión Completa, de tu Ojo Único. ¿Cómo es de grande?

Kevin: No se termina nunca.

Richard: ¡No tiene fin! No hay ningún otro objeto a su derecha o a su izquierda con el que poder compararlo, ¿verdad? No puedes decir que tu Visión Completa sea más grande que la de otra persona, porque no puedes ver la de nadie más, tan solo la tuya. No hay ninguna otra con la que poder compararla. Tu Ojo es incomparable, de manera que no puedes saber lo grande que es. ¿Cierto? Si pudieses ver otra Visión, entonces sí, entonces podrías comparar la tuya con esa otra, pero no hay ninguna otra ahí. ¿Alguna vez has visto otra Visión que no fuese la tuya propia?

Ellen: ¡Lo acabo de entender!

Richard: ¿Alguno de vosotros puede ver otra? Y, en ese caso, ¿dónde?

Dale: No podría saberlo.

Richard: ¡No podrías saberlo! Tan solo puedes ver un único Ojo, una única Visión: la tuya. Los demás pueden hablarte de sus Ojos Únicos, pero nunca los has visto. En el Dzogchen, una rama del budismo tibetano, se refieren a «la Visión». Y, ¿qué es «la Visión»? ¡La Visión es simplemente a lo que estamos prestando atención ahora! Es tu Ojo Único. Y dado que estás viendo directamente la Visión, estás situado exactamente en el lugar adecuado para ver lo que es o cómo es. ¿Cómo es de grande esta Visión? Para responder a esta pregunta no tienes que consultar ningún libro. Ni tampoco tienes que preguntarle a nadie más —además, ¡podrían estar equivocados!—. Lo que haces es mirar por ti mismo. Para determinar cómo de grande es esta Visión coloca tus manos a cada lado de tu cara —es decir, a cada lado de tu No-cara—, como si fueran las anteojeras de un caballo. Ahora, todo lo que ves está contenido entre esas dos manos enormes. El mundo está dentro de tu Ojo, ¿no es cierto? Por lo tanto, ¡es enorme!

James: Es tan grande como el universo.

Richard: Así es, ciertamente. ¡Asombroso!

James: ¡Sí! ¡Es asombroso!

Richard: Hoy por la mañana alguien publicó en nuestro grupo de Facebook una historia que tuvo lugar en una clase de niños pequeños. Le preguntaron a los niños: «¿Qué es lo más grande que hay en el mundo?». Uno de ellos respondió que su padre, otro dijo que un elefante, pero hubo una niña que contestó: «Mi ojo». La profesora le preguntó por qué su ojo, a lo que la niña respondió: «Sí, porque mi ojo contiene a su padre, al elefante y a todo lo demás». ¿No es fascinante?

Hay un personaje de la película *Parque jurásico*, un tipo grandote y robusto, que se olvida de que para no ser visto por un velociraptor has de quedarte quieto, porque aunque la vista de estos dinosaurios no es muy buena pueden percibir el movimiento. El tipo se mueve... Y ahí termina su personaje. El movimiento atrae la atención. Es algo primario. Vuelve a poner tus manos justo en el borde de tu Ojo Único, en el límite de tu Visión, y muévelas alrededor siguiendo dicho borde. El movimiento de tus manos atrae tu atención justo a esa frontera en la que desaparecen. Muévelas de forma que entren y salgan del Espacio. No creo que seas capaz de describir con palabras de forma adecuada cómo es ese borde, pero, no obstante, ahora lo estás experimentando. Intenta dejar a un lado todas las suposiciones que pudieras tener sobre cómo es dicho borde y obsérvalo como si fuese la primera vez, con los ojos de un niño.

¿Está la visión contenida dentro de alguna otra cosa?

Mira a algún objeto que tengas en frente. Cualquier objeto que observes estará justo en el centro de tu campo de visión. Luego, hacia el borde del campo de visión las cosas se van haciendo más y más difusas, más borrosas, hasta que llegas a una zona en la que no puedes ver nada en absoluto. Un participante del taller de ayer llamó a esta región el «horizonte de eventos», la zona en la que ya no hay nada más que ver. Todo alrededor de esta Visión no puedes ver nada, ¿cierto?

Jennifer: Sí.

Richard: Mira a cualquier objeto presente en la sala. Tiene un límite, un contorno, y siempre hay algo a su alrededor. Mira este trozo de papel que hay en el suelo. Hay suelo a todo su alrededor; está contenido en un medio mayor que él. Cualquier cosa a la que miremos está dentro de un medio mayor, está rodeada por otras cosas. Si miro a Mark veo que tiene un contorno a su alrededor. Dentro de dicho contorno está Mark; fuera de él está el resto de la habitación. No hay ninguna parte en el contorno de Mark en la que no haya algo más allá de él. Hay otras cosas por todo su contorno, todo alrededor de él.

Ahora presta atención a la Visión Completa, a la totalidad de la visión. Obsérvala toda ella hasta que se pierde en el horizonte de eventos. ¿Puedes distinguir algo a su alrededor?

Jennifer: Está rodeada por lo que no se puede ver. Por lo que no vemos.

Richard: Sí. Yo no veo que haya nada ahí. ¡Es asombroso! No está metida dentro de nada, no está contenida en ninguna otra cosa, ¿verdad? La Visión Completa está ahí colgando de la Nada. No tiene ningún gancho en la parte superior con el que poder colgarla en alguna otra cosa que esté por encima de ella.

Jennifer: No tiene límite ni forma alguna. No tiene contorno. Desaparece en la nada.

Richard: ¡Es increíble!

Jennifer: Desaparece en este Vacío.

Richard: Sí, en el Vacío. Podemos llamar a este Vacío como más nos guste: la Consciencia, el Gran Espíritu, la Tierra de la Eterna Claridad, el Silencio, la Quietud...

Jennifer: No tiene límites.

Richard: ¡Lo has dicho en público! No tiene límites. ¡No está contenida dentro de ningún medio mayor que ella! Está colgando de la Nada. La Visión Completa está suspendida de la Nada. Cualquier cosa concreta que veamos está contenida dentro de esta Visión, pero la Visión en su totalidad, la Visión misma, ¡está dentro de la Nada, se proyecta en la Nada, tiene lugar en la Nada! No está dentro de nada. Es libre y está libre de estrés, pues no hay nada externo a ella que pudiera presionarla.

David: Todo está como colgando del Abismo.

Richard: Sí, flotando en el Espacio. Pero, al mismo tiempo, es totalmente estable. Está en reposo, en calma. No puede caer en ningún sitio porque no hay ningún sitio en el que pudiera caer.

Es probable que vosotros lo describáis de forma diferente usando vuestras propias palabras. Si mis palabras no resuenan en vosotros podéis buscar y usar las vuestras propias. O simplemente quedaros con la experiencia no verbal.

Y no es algo que tengamos que comprender totalmente para poder verlo. De hecho, no creo que podáis desentrañarlo. Más que de aprender algo se trata de desaprender. Sí, de desaprender lo ya aprendido. Se trata de ser lo suficientemente simple y sencillo como para poder mirar como un niño, como el niño que fuimos.

Dale: Me gusta la manera en la que estás dirigiendo nuestra atención hacia lo obvio. Es algo que hemos pasado por alto.

Una única consciencia

Richard: Sí. Nunca hemos visto una segunda Visión. ¿Dónde podríamos ponerla? Yo tengo una de repuesto aquí mismo, ya sabéis, guardada en el bolsillo para usarla cuando la necesite...

Dale: Sí, ¡hay que tener una de recambio, una de sobra!

Richard: ¡Una de sobra, sí!

La única experiencia directa que tenemos del Ojo es la nuestra propia. A Dios también se le llama el Uno. Pues bien, esta es nuestra experiencia del Uno. Tan solo existe una única Consciencia. ¡Es totalmente obvio! Escuchamos hablar de la consciencia de los demás, pero para nosotros eso es conocimiento de segunda mano, rumores. Nunca jamás hemos experimentado la consciencia de los demás. Tu única experiencia de la Consciencia es la tuya propia. Estás mirando a través de este Ojo único. Y este Ojo a través del que estás viendo no es un ojo humano, ¿verdad? Más bien es divino. Es el Ojo de Dios.

El poder de honrar

Mira hacia delante y sé consciente de tu Ojo Único. Date cuenta de que aquello que estás mirando está en el centro de tu campo de visión. Luego, hacia el borde de tu Visión, hacia el horizonte de eventos, las cosas se van desvaneciendo, la Visión se va haciendo cada vez más borrosa. Ahora pon la vista en alguna otra cosa. Ese objeto pasa a estar en el centro de tu Visión y ahora lo ves nítido y enfocado. Sin embargo, lo que estaba enfocado hace un momento ahora está desenfocado. Elige alguna otra cosa y haz que pase a ocupar el centro de tu campo de visión. Tienes el poder de colocar cualquier cosa justo en el centro del universo simplemente mirándola. Ahora mismo yo estoy haciendo que tu cara ocupe el centro de mi mundo. Estás justo en el centro de mi universo. Ahora miro a Mark y entonces hago que su rostro ocupe la zona central. ¿Quién está haciendo todo esto? No es Richard, es el Uno. Eres tú como el Uno el que promociona a alguien hasta el centro de tu mundo. Tan solo el Uno —tan solo tú— puede hacer esto. Si miras como lo hago *yo* no ocurre nada, pero cuando *tú mismo* miras a alguien, entonces esa persona aparece en el centro de tu mundo.

Es como si tú, el Uno, fueses el rey o la reina que está dando audiencia a los demás con solo mirarles. Si deseas recibir a alguien en tu corte lo único que tienes que hacer es traerle al frente, ponerle por delante de todos los demás. En ese momento esa persona recibe el honor de estar sola frente al monarca. ¡Queda bañada con tu mirada real! Después la devuelves a la muchedumbre y llamas a alguna otra persona ante tu presencia. Como el Uno que eres, cuando miras a alguien lo que haces es promocionarle, hacerle ascender hasta el centro del universo. A quien quiera que mires, esa persona pasa a ocupar el centro del escenario. De este modo, la honras. Ahora, yo te estoy honrando a ti, Joy. En este momento tú eres el centro de todo mi universo. Nunca antes de este momento ha sido justo como es ahora, ni nunca después de este momento volverá a ser justo como es ahora. Ahora hago ascender a alguien más —¡lo siento, Joy!—. ¡Podéis jugar con esto! Haced que alguien o algo ocupe vuestro centro. Es algo hermoso, respetuoso, es honrar al otro, concederle nuestra atención. Siempre que miras a algo o a alguien estás promocionando a esa persona o a ese objeto hasta el mismísimo centro del mundo. Es algo profundamente creativo. Ver es algo muy creativo.

Capítulo 5

No lo entiendo

Alex: Creo que me estoy quedando atrás. No lo entiendo.

Richard: Bueno, ninguno de nosotros lo entiende realmente. Pero, ¿puedes ver tu propia cara? No, ¿verdad? Esa es la experiencia.

Alex: Pero todo el mundo parece estar hablando de otra cosa, no de esa experiencia directamente.

Richard: Deja que intente aclararlo. De lo que estamos hablando es de nuestras reacciones particulares ante el hecho de no ver nuestra propia cara. Estamos hablando de lo que esta experiencia significa para nosotros, pero hay muchas formas diferentes de pensar en ello. Por eso dije al comienzo que todos reaccionamos de una forma distinta. Puede que oigas decir a alguien que es increíble pero que para ti no sea así en absoluto. Si eso es lo que estás pensando, me gustaría asegurarte que incluso en ese caso tienes la experiencia. No puedes ver tu cara; esa es la experiencia. Así es que lo mejor es que intentes mantener una actitud de mente abierta durante el taller y, al final, ya veremos si esto significa algo o no para ti. ¿Te parece? La experiencia consiste en que no puedes ver tu propia cara. Ahora lo que vamos a hacer es examinar esta experiencia de distintas formas, desde distintos ángulos.

William: Acabas de describir la primera reacción que tuve ante esto. No lo veía. Hice el experimento de apuntar y pensé: «Todo esto es una estupidez. No funciona». Volví a intentarlo, pero no pasó nada. No hubo ningún estallido de comprensión ni nada por el estilo. Luego, un par de días después, volví a probar con el experimento de apuntar y finalmente lo asimilé. En realidad es algo que no puedo explicar.

Richard: Vamos a abordar este tema desde diferentes ángulos y ya veremos lo que pasa. Al final de la jornada, si no significa nada para vosotros, ¡al menos habréis pasado el día con algunas personas increíblemente simpáticas y amigables! Y además ¡el café es bastante bueno!

Capítulo 6
El experimento de la cartulina

Primera parte – El espejo

Richard: Ahora vamos a realizar el experimento de la cartulina. ¿Tenéis todos una cartulina con un hueco en su centro?

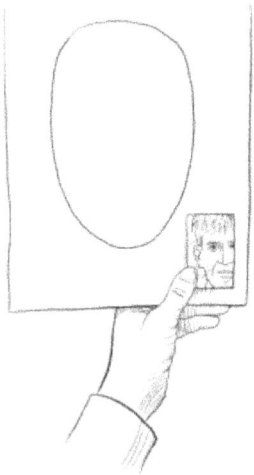

Sostén la cartulina frente a ti con el brazo estirado y mírate en el espejo; puedes ver que tu cara está ahí. El espejo revela dos verdades. La primera es ¡la pinta que tienes un domingo por la mañana! Estoy seguro de que todos estáis contentos de ver una cara fresca y reluciente ahí... La segunda verdad que revela es *dónde* está esa imagen, *dónde* está esa cara. ¿No está *ahí fuera, en el espejo*, en el extremo de tu brazo? Aquí, *a este lado de mi brazo*, yo no veo ninguna cara.

El espejo te está mostrando cuál es tu apariencia a un brazo de distancia. Esto es aproximadamente lo que los demás ven cuando te miran desde esa distancia.

Ahora acércate un poco el espejo.

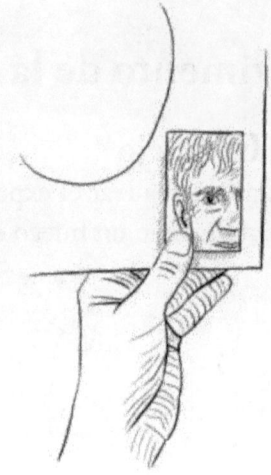

Esta es tu apariencia a esta distancia.

Acércalo un poco más. Ahora ves un ojo gigante. Acércalo del todo, de forma que toques el espejo. Lo que ves ahora es una mancha borrosa. Ahora vuelve a estirar el brazo para poner el espejo a esa distancia —a la distancia de tu brazo—.

¿Cuál de todas estas apariencias eres tú? Bueno, en realidad eres todas ellas. Cada una de estas apariencias eres tú a distintas distancias. Lo que el espejo te está mostrando es que tu apariencia cambia con la distancia. Podéis bajar la cartulina y descansar un momento.

EL EXPERIMENTO DE LA CARTULINA

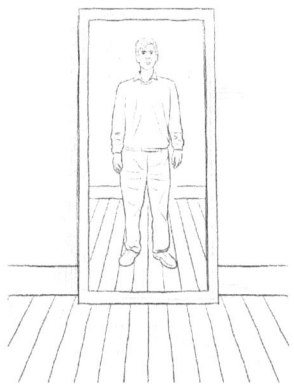

Si pudiéramos colocar un espejo de cuerpo entero en el otro lado de la sala podrías ver tu cuerpo entero reflejado en él. El espejo te estaría ayudando a verte a ti mismo desde esa distancia. Lo que verías sería muy similar a la apariencia de ti que ven los demás desde ahí, a esa distancia concreta. Por lo tanto hay una zona, un rango, alrededor de ti en la que se manifiesta tu cuerpo —tanto en los espejos como en los demás—.

Ahora, imagina que colocásemos un espejo enorme en el cielo a unos 3 km de distancia. Podríamos ver toda la ciudad de Levittown reflejada en él. Esa es tu apariencia a esa distancia. Es tu rostro urbano, tu cuerpo urbano. Necesitas esa capa; te hacen falta los sistemas de conducción del agua, de alcantarillado, la red de energía eléctrica, las carreteras, los edificios... No podríamos existir como individuos sin este cuerpo mayor. Imagina que te puedes mirar en un espejo aún más grande colocado más lejos, digamos, por ejemplo, en la Luna. Verías el planeta Tierra reflejado en él. Lo que se manifiesta a esa distancia es tu rostro planetario. De cerca, a la distancia a la que estamos ahora unos de otros, tienes un rostro humano, pero desde la Luna tienes un rostro planetario. Ambos son tus rostros por igual. Normalmente no pensamos de esta manera, pero lo cierto es que tiene mucho sentido considerar que en realidad es así. Además, tener un rostro y un cuerpo planetario es algo que resulta maravilloso. Al fin y al cabo, siempre ha habido una cara que has considerado tuya, así que ¿qué te impide apropiarte de estas otras también? Además, también tienes un cuerpo solar; a una distancia de varios años luz ¡eres una estrella! Más lejos aún tienes un cuerpo galáctico. ¿Por qué no aceptar este hermoso cuerpo que tienes, este cuerpo tan fantástico constituido por muchos niveles?

Carol: Si un día te levantas con el pelo hecho un desastre ¡siempre puedes decir que eres una estrella!

Richard: ¡Sí! No solo es hermoso sino que también es divertido. Y, además, es cierto. El espejo es un amigo. Nos muestra lo que somos, no tan solo a la distancia de un brazo, sino también —al menos en teoría— a distancias mayores y menores. Nos ayuda a ver y ser conscientes de este precioso cuerpo multinivel que tenemos.

Pero entonces la cuestión que surge es: «¿Qué es lo que hay en el centro de todas estas capas?». O, dicho en otras palabras: «¿Quién soy yo realmente? ¿Qué soy en el Centro, a distancia cero de mí mismo?». Alguien me estuvo hablando de una canción en la que la letra decía: «He ido a Londres, a Nueva York, a París y a Sidney, pero nunca he ido a mí mismo». Pues bien, de lo que trata este taller es precisamente de eso, de viajar a ese «yo», de hacerme una visita a «mí mismo».

Y, ¿por qué es importante visitarte a ti mismo y reconsiderar con ojos nuevos lo que eres? Porque tú eres el instrumento que tienes para vivir. Cuando tienes que realizar alguna tarea es importante disponer de la herramienta adecuada. No resulta nada práctico coger una sierra si lo que quieres es clavar una punta. Así, lo más probable es que acabes haciéndote daño. Del mismo modo, si estás equivocado respecto a tu propia identidad, respecto a lo que crees ser —es decir, respecto a tu herramienta para vivir—, no resulta sorprendente que esta confusión acabe dañándote a ti y a los demás. Así es que descubrir quién eres realmente es algo muy importante. Y, una vez hecho esto, la clave está en vivir conscientemente desde tu Realidad. No recordarla, o simplemente considerar la idea de tu auténtico Yo, creer en ella o desear que fuese cierta, sino vivir de verdad como esa Realidad, desde esa Realidad. Eso es lo importante, pues vivirlo es lo que hace que todo sea diferente.

Por lo tanto la pregunta que nos estamos haciendo hoy es: «¿Cuál es mi herramienta, mi instrumento para vivir? ¿Quién o qué es lo que hay en el Centro de todas mis capas?». El espejo y los demás pueden decirte lo que eres desde una distancia concreta —pueden darte información de tu precioso organismo multinivel—, pero no pueden decirte lo que eres en el Centro, simplemente porque no pueden llegar hasta ahí. Pero tú sí que estás en el Centro, así es que estás perfectamente situado para ver lo que eres ahí. Es un secreto bien guardado, pero lo único que tenemos que hacer para desvelar este secreto y ver lo que somos en el Centro es mirar ahí, poner la atención en ese lugar, y eso es lo que tratan de hacer estos experimentos.

Segunda parte – El hueco

Observa ahora la apertura, el hueco que hay en la cartulina. Es como un agujero redondeado. Dado que es un hueco, podemos poner cualquier cosa dentro de él. Date cuenta de lo que hay dentro de este hueco ahora mismo; una parte de la sala. El resto de la sala queda por fuera del borde de la cartulina.

Ahora acércate lentamente el hueco a la cara y detente a medio camino. Date cuenta de lo que ocurre: el hueco se hace más grande. Ahora cabe en su interior una parte mayor de la sala. Si lo acercas aún más se hace aún más grande. Continúa acercándotelo y observa lo que sucede. Los laterales del hueco cada vez están más separados, la parte superior e inferior comienzan a desaparecer.

Y al final, cuando te pones el hueco justo donde estás, la cartulina se desvanece por completo y ya no queda ningún borde del hueco que veías antes. ¿Es así también para ti?

¡No hay ningún borde, ningún límite! Lo que acabas de hacer es ir guiando tu atención poco a poco hasta aquí, hasta este Espacio Abierto —este Espacio Abierto que está lleno de todo—.

Mantén la cartulina donde la tienes y echa un vistazo al resto de las personas que hay a tu alrededor. Todos ellos tienen cartulinas que

EL EXPERIMENTO DE LA CARTULINA

enmarcan sus caras y tienen una pinta bastante graciosa, ¿verdad? Pero hay una persona en la habitación que no ha sido enmarcada de esta manera, que no tiene esta pinta tan ridícula.

Jeffrey: ¡Gracias!

Richard: Es verdad, ¿no crees? ¿Estás contenido en un marco? ¡No! Que levante la mano el que vea que no tiene esta pinta ridícula. [Todo el mundo levanta la mano]. Tan solo tú no has sido enmarcado dentro de una cartulina. ¡Eres el único que no parece un cuadro! Tú no estás metido en una caja, no estás contenido ni en el hueco de una cartulina ni dentro de absolutamente nada. Tú eres libre.

Jeffrey: Lo que está claro es este enorme contraste que hay entre los huecos de las cartulinas de los demás, que están llenos de cosas sólidas —sus caras— y la mía, en la que no hay nada, que está vacía. Es extraordinario.

Richard: Sí. Hay un contraste total. ¡Qué afortunado eres de ser el único que no está relleno con una cara sólida! ¡Qué suerte tienes! Tan solo hay uno que puede atravesar esta Puerta Mágica que lleva al Cielo. Tan solo uno. No puedes entrar en el Cielo siendo una persona; tan solo puedes entrar siendo Dios. Únicamente Dios reside en el Cielo. Bueno, es tan solo una metáfora, una forma pintoresca de expresarlo. Separa un poco la cartulina, de forma que vuelva a aparecer. ¿Quién es el que puede atravesar esta Puerta Mágica para entrar en el Cielo? Vuelve a acercarte la cartulina hasta tenerla nuevamente puesta del todo. ¿Quién es el que ha entrado en este Espacio sin límites, en esta Capacidad que contiene en su seno la totalidad de este glorioso universo? Tan solo una No-cosa puede atravesar este umbral. Tan solo tú puedes pasar por ahí. Los demás, todas esas caras, no pueden pasar. Se quedan ahí atascados en la entrada, en el hueco de la cartulina.

Eileen: Por eso se usa tanto el término «inmenso». ¡Porque verdaderamente es inmenso!

Richard: Sí, es una buena palabra para describirlo.

Eileen: No tiene límites.

Richard: ¿No es hermoso poder celebrar esto juntos con

distintas voces?

Y aquí tienes un truco de magia que puedes hacer siempre que quieras: puedes hacer que la cartulina aparezca de la nada. Quítate la cartulina. De pronto, ¡aparece de la nada! ¿No es genial?

Abierto incondicionalmente

Hagamos este experimento una vez más. Observa el hueco de la cartulina. Es una apertura redondeada. Es bastante pequeña. Dado que está hueca, vacía, puedes llenarla con cualquier cosa. Ahora mismo yo estoy poniendo el suelo en su interior, pero ahora la muevo y pongo a una persona, y ahora un cuadro de la pared. No se niega a acoger nada. No le dice «no» a nada. No dice: «Le voy a decir "sí" al suelo pero "no" a esa silla». Esta abierta incondicionalmente.

Vuelve a ponerte la cartulina lentamente. Ves cómo llega un momento en el que se desvanece y lo único que queda es este Espacio sin límites. Ahora puedes darte cuenta de que el Espacio en el que te encuentras está Abierto incondicionalmente. Tú estás Abierto incondicionalmente a todo lo que experimentas.

Ahora quítate la cartulina. Aún sigues estando incondicionalmente Abierto, sigues siendo una Apertura incondicional.

Cubriéndonos de inmortalidad

Ian: Miro al espejo y me doy cuenta de que el tipo que en él aparece se está haciendo mayor.

Richard: Pero no es así para este Uno.

Ian: Este Uno está siempre igual.

Richard: ¿No es maravilloso?

Ian: Es un alivio. Pero estoy más preocupado por él, por el individuo que aparece en el espejo.

Richard: Sí, claro. ¡Haces bien en estarlo! La persona que aparece en el espejo tiene arrugas —bueno, para la mayoría de nosotros—. Pero este Uno no tiene arrugas. Esta es sin duda la mejor cirugía estética que existe. ¡Te quita todas las arrugas en un instante! El individuo del espejo nació y morirá. De hecho, nos han enseñado que somos mortales. ¿Recordáis la primera vez en la que fuisteis conscientes de que ibais a morir? Algunas personas sí que lo recuerdan. En algún momento nos damos cuenta de que somos mortales. Nos ponemos esa cara mortal que vemos en el espejo y pasamos por alto nuestra inmortalidad central. Y así, durante todo el resto de nuestras vidas estamos bajo la ilusión, bajo la impresión, de que somos mortales. Pero ahora tenemos la oportunidad de darnos cuenta de que en el Centro no somos mortales. ¡Ahora podemos vivir nuestras frágiles y mortales vidas humanas desde esta Fuente inmortal! Es fantástico. Ahora podemos mirar al espejo y decir:'«¡Gracias a Dios que yo no soy así!».

El regreso al Hogar

Vamos a hacer este mismo experimento una vez más. Se trata de un viaje muy singular; desde la región de tu apariencia hasta la región de tu Realidad. Estás volviendo al hogar, a quién eres realmente. Ponte de nuevo la cartulina lentamente. A medida que vas viendo cómo el hueco se acerca a ti, vete llevando tu atención junto con él, hasta llegar al lugar desde el que ves, el lugar desde el que miras. Sigue observándolo. No prestes atención a lo que los demás puedan estar viendo cuando te miran, pues ellos están ahí fuera viendo tu apariencia, mientras que tú estás justo aquí viendo tu Realidad. Cuando vas trayendo tu atención de vuelta a tu hogar con la ayuda de la cartulina puedes darte cuenta perfectamente de que para ti mismo no tienes esta pinta tan graciosa. Sabes que ahí fuera, para los demás, sí que la tienes —eres consciente de que para los demás tienes la cara metida dentro de una cartulina—, pero aquí estás limpio, eres claro, transparente, libre e ilimitado, estás lleno de todo. No dejes que nadie te convenza de que no eres esta espaciosidad, esta inmensidad, esta inmortalidad, esta gran riqueza y abundancia. No dejes que otros nieguen esta increíble nobleza que eres para ti mismo. Tu Verdadero Yo es ilimitado, atemporal, abundante, poderoso, hermoso. Cuando dejamos que los demás nos digan cómo somos y nos dejamos convencer por ellos lo que hacemos es renunciar a nuestro verdadero poder. Ahora estamos volviendo a recuperar este poder que nos es propio de la forma más sencilla y simple que hay: tan solo mirando, prestando atención una y otra vez. Ahora estás reequilibrando la información que te llega de los demás con tu propia experiencia de quién eres realmente. Tú estás completamente Abierto. No hay nada *aquí* a lo que las cosas pudieran quedar adheridas. Tan solo Apertura total. Ahora, si alguien te dice que tienes una pinta ridícula puedes contestarle: «Bueno, tengo una pinta ridícula desde *ahí*, para ti, pero *aquí*, para mí, no la tengo». Lo que sea que los demás digan sobre mí no permanece, no queda adherido *aquí* a ninguna parte, ¿no es cierto?

Teresa: Absolutamente. Cómo me ves es *tu* problema.

Richard: Sí, así es. O mi disfrute y mi alegría.

Ahora has vuelto a Casa, a tu Hogar. Has realizado ese viaje increíble desde la región en la que se manifiesta tu apariencia hasta tu Realidad central, que está completamente quieta, en silencio, abierta, llena de todo, y que es totalmente segura. Es el mayor viaje que puede hacerse: desde algo que nació y que morirá hasta aquello que nunca ha nacido y que nunca morirá.

Ahora ves quién eres realmente. Ahora lo has captado. Ya lo tienes. No puedes no tenerlo. Es imposible. Lo tienes completamente —no se puede tener a medias—. Y nadie puede tenerlo o captarlo mejor o peor que tú.

Teresa: Entonces, ¡adiós!

Richard: ¡Adiós! Sí, eso es, ya lo tienes, ya lo has captado. ¡De verdad! Ahora ya podemos finalizar el taller y marcharnos a casa.

Esto no es primordialmente algo que haya que entender con la razón. La comprensión tiene su importancia, pero ante todo se trata de tener la experiencia. Tu Verdadero Yo está siempre disponible. Es lo que eres. Es gratis. Y es muy amable porque no se oculta nunca a sí mismo. Si quieres ocultar tu Verdadero Yo lo mejor que puedes hacer es ponerlo en el lugar más obvio y visible que puede haber, ¡en el lugar desde el que estás mirando! ¿Quién hubiera pensado que estaría ahí? Podrías decirme: «¡No puede ser cierto!». De acuerdo, ¡compruébalo por ti mismo! Echa un vistazo y dime si es cierto o no para ti. No me creas. No creas a nadie. Tan solo compruébalo por ti mismo.

Capítulo 7
El experimento de los ojos cerrados

En este experimento exploraremos quién somos con los ojos cerrados, pero para comenzar mantendremos los ojos abiertos. Sé consciente de tu Ojo Único. Date cuenta de que no puedes determinar su tamaño porque no puedes ver nada más con lo que poder compararlo. Y, además, no hay absolutamente nada alrededor de tu Ojo; no está contenido dentro de nada mayor que él, simplemente está mágicamente suspendido de la Nada. La Visión se va desvaneciendo a todo su alrededor hasta llegar a esta Nada central. Así es que date cuenta de estos dos aspectos: por un lado, tu Visión es la única que hay, por lo que no puedes saber su tamaño, y, por otro, no está contenida dentro de ninguna otra cosa.

Destruir el mundo

Ahora cierra los ojos. La sala desaparece. Lo que ves ahora es oscuridad. ¿Cuán grande es esa oscuridad? ¿Qué tamaño tiene? Yo no puedo encontrar ninguna otra cosa, ningún segundo a derecha o izquierda con el que poder compararlo. Tan solo hay Uno. ¿Cierto? Y, esta oscuridad, ¿está contenida dentro de alguna otra cosa? Vemos que no.

Ahora abre los ojos. ¿Qué es lo que cambia al abrirlos? Lo que ves externamente —tu visión exterior— deja de ser la oscuridad y vuelve a ser la sala, pero la visión interna no cambia en absoluto, ¿verdad? En esa dirección, hacia afuera, está la sala, pero en esta otra, hacia dentro, no hay Nada. Hagamos una vez más el gesto de apuntar en dos direcciones —simplemente porque nos ayuda a dirigir la atención en estas dos direcciones—. Hacia allí, hacia afuera, vemos que está la sala; hacia dentro lo único que hay es esta Nada. Cuando cierras los ojos hay oscuridad ahí, pero aquí sigue habiendo Nada. Cierra los ojos de nuevo. Ahora ves que hay oscuridad ahí pero Nada aquí. Abre los ojos. Ahora la sala vuelve a aparecer en la Nada. ¡Es magia! La visión externa cambia pero la visión interna no. Cuando cierro los ojos destruyo la sala y cuando vuelvo a abrirlos la creo de nuevo. Podrías decirme: «Richard, lo único que estás haciendo es abrir y cerrar los ojos». Eso es cierto para ti, pero desde mi propio punto de vista lo que estoy haciendo es destruir y volver a crear mágicamente la sala. Cierro los ojos y ¡desaparece! Los abro y ¡aquí está de nuevo! Podemos hacer que las cosas aparezcan y desaparezcan.

Podríais preguntaros qué utilidad tiene ser capaz de hacer esto. Yo diría que públicamente no tiene ninguna en absoluto, pero privadamente sirve para confirmar mi identidad. Se trata de un asunto interno. Me confirma quién soy realmente. ¡Oh, sí! ¡Este es uno de mis poderes! Así es que, adelante, ¡pon en práctica este poder tuyo y destruye la sala! Y, ahora, ¡vuélvela a crear!

Al despertar a lo que realmente eres despiertas también al hecho verdaderamente sorprendente de que tú eres el Uno. ¿Acaso podría haber algo mejor que eso, que ser Dios mismo? Tú eres el Uno, tú eres el Ser. Debería hacer que se te erizasen los pelos de la nuca. «Ser» es una palabra demasiado pequeña para este increíble Misterio, para esta Realidad que eres. Es tan grande y a la vez tan humilde, pues no es nada. Su grandeza está en su absoluta humildad. Es cierto, ¿no crees? La única manera en la que puedes penetrar a esta Gran Gloria es siendo nada.

Los sonidos

Cierra los ojos de nuevo, pero ahora pon tu atención en los sonidos. Puedes distinguir sonidos diferentes. Por ejemplo, puedes oír mi voz. Ahora puedes oír cómo alguien está moviendo la silla. Es posible que algunos sonidos te gusten y otros no. Algunos son fuertes e intensos y otros más suaves, más leves. A medida que escuchas con atención, puedes ser consciente de sonidos cada vez más y más leves, hasta que finalmente llegas a una región en la que ya no puedes oír nada más. Aquí también hay un «horizonte de eventos». Más allá del sonido más leve hay un lugar en el que ya no puedes oír nada.

O también podríamos decir que lo que escuchas ahí es el Silencio. Por supuesto, *Silencio* es una palabra que usamos para describir algo que en realidad no es ninguna cosa. Es Una No-cosa, Consciencia. Cualquier sonido que hayas escuchado en tu vida brota de este Silencio, fluye a través de él y acaba por desaparecer nuevamente en su seno.

¿De qué tamaño es el campo completo del sonido? ¿Cuán grande es el campo de los sonidos en su totalidad? Nuevamente, no podemos encontrar un segundo campo ahí con el que poder comparar al primero, ¿verdad? Tan solo hay un único campo del sonido.

Y este campo completo del sonido, ¿está metido dentro de alguna otra cosa?, ¿está contenido en el seno de algo mayor que él? Según mi propia experiencia, no.

¿Aparecen los sonidos en una Capacidad distinta de aquella en la que aparecía la oscuridad cuando cerrábamos los ojos? No. Tanto los sonidos como la oscuridad aparecen juntos en este mismo Silencio ilimitado, en este Espacio, en esta Consciencia. Tanto los sonidos como la oscuridad aparecen en tu interior.

No tienes por qué entenderlo. No necesitas pensar en esto de una forma determinada o particular; la experiencia es no verbal, no conceptual.

Ahora abre los ojos. Los sonidos siguen apareciendo en el Silencio, ¿verdad? Todos los sonidos están dentro de ti. Así es que cuando escuchas mi voz y después escuchas la de Dale —tengamos una pequeña conversación a modo de experimento—...

Dale: ¡Hola, Richard!

Richard: Ambas voces están en ti, ¿verdad? Como he crecido identificándome con Richard y no con Dale, yo sé que esta es mi voz y aquella otra la de Dale. Pero ahora lo que hago es darme cuenta de quién soy realmente —y comenzar a escuchar como tal—; ahora soy consciente de que las dos voces son mías. ¡Disfruto de poder tener dos voces! [La gente se ríe]. ¡Ahora tengo muchas voces!

Tú incluyes a los demás. Tú estás siendo los demás. No te limitas a ver que los demás están dentro de ti, sino que también estás oyendo a los demás dentro de ti; muchas voces para Una Única Consciencia. Esto supone una forma de escuchar muy diferente a la normal. Es una escucha inclusiva. ¡Esta Nada es una Nada tan interesante! Es una Nada viva. Es Capacidad, Silencio. Mediante esta comprensión no solo te estás convirtiendo en todas estas formas y todos estos colores, sino que también estás pasando a ser, momento a momento, todos estos sonidos. Ahora mismo estás hablando con la voz de Richard. ¡Es muy divertido! Todos los sonidos que oyes están surgiendo mágica y misteriosamente del Silencio en el que te encuentras, y después de disuelven nuevamente en él. Así, sin que sepas cómo, sin tener el control de nada, sin hacer ningún esfuerzo en absoluto.

Dale: Me gusta cómo lo estás expresando. Aquel cuadro de la pared es una pintura de arte zen que representa unos pinos en la niebla. Esa es la expresión zen de aquello a lo que te estás refiriendo; los pinos surgen de la niebla.

Richard: ¡Sí! ¡Todo está brotando, surgiendo de la niebla de la Nada!, ¿verdad? ¡Qué creatividad tan increíble! Como ese que aparece en el espejo puede que seamos más o menos creativos dependiendo de lo que la sociedad en la que nos encontremos considere que es ser creativo. Algo como pintar un cuadro, quizá. Muy bien, eso está genial. Pero tú como este Uno ¡no puedes dejar de crear! Todo está surgiendo de ti, todo está brotando de la «niebla» que eres. Sin esfuerzo, con frescura, nuevo, sorprendente, en todas direcciones.

Vamos a ir diciendo nuestros nombres siguiendo el orden del círculo. Decir nuestros nombres en voz alta es una buena oportunidad para escuchar cómo nuestras muchas voces surgen de este Silencio único; tú hablas con muchas voces. Por cierto, no tiene por qué ser una experiencia increíble o asombrosa. No. Es algo natural, normal. Así es que disfrutad de ello. Ahí vamos: «Richard» [Todos van diciendo sus nombres].

Dale: Es como si fuera una orquesta.

Richard: Sí, ¿no es fantástico? Es una manera diferente de pasar el rato con los amigos. Ahora estás disfrutando de ser ellos. Es algo que abre todo un mundo nuevo ante nosotros —de hecho, es abrirnos al mundo de verdad—. Ahora puedes acoger y abrazar a cualquier persona con la que hables —con alguien en la calle o en una tienda, con tu esposa, con tu marido, con tus hijos— de esta forma profunda y que no supone ninguna intromisión, porque la forma en la que te conviertes en los demás es siendo Nada. No te conviertes en ellos imponiéndote o entrometiéndote, sino que lo haces simplemente dejando sitio para ellos, dejando espacio para ellos, desapareciendo en su favor.

Charles: Cuando hemos cerrado los ojos la primera vez y hemos estado escuchando, he sentido que algo resonaba intensamente en mí cuando nos has pedido que los abriésemos de nuevo. Ha sido como si de repente los sonidos y la sala se fundiesen en uno.

Richard: Todo se funde y se mezcla en lo mismo, ¿verdad?

Las sensaciones

Ahora cierra tus ojos de nuevo. Sé consciente de tus sensaciones corporales. Seguramente haya algunas sensaciones que te gusten y otras que no. Algunas están en primer plano y otras más en el fondo. Algunas son intensas y otras más débiles. Limítate simplemente a ser consciente de ellas. Finalmente, más allá de las sensaciones más débiles, hay una región en la que ya no puedes sentir nada más. De nuevo, ahí está la Nada. El Espacio contiene las sensaciones. Es como si fuese una especie de letargo despierto y alerta que mantiene en su seno todo el campo ilimitado de las sensaciones cambiantes. Las acoge y es en sí mismo el campo de las sensaciones. No está separado de ellas. Puedo denominar a esta sensación «mi mano», a esa otra «mi cabeza» y a aquella «mi dedo gordo del pie», pero todo este nombrar tiene lugar también dentro de esta Nada.

¿Qué tamaño tiene el campo completo de la sensación? ¿Cómo de grande es el campo de las sensaciones en su totalidad? No puedo encontrar por ninguna parte un segundo campo de sensación con el que poder comparar el primero. ¿Y tú, puedes? No.

Tampoco veo que este campo único de la sensación esté contenido en un campo mayor. No veo que esté metido dentro de ninguna otra cosa. Está en la Nada, en esta Capacidad ilimitada y sin forma.

Este campo de la sensación está sucediendo en la misma Capacidad en la que aparecen los sonidos y la oscuridad. Todo ello aparece conjuntamente en Una Única Consciencia.

Por lo común solemos identificarnos con nuestras sensaciones corporales. Así es que decir que no sé qué tamaño tiene el campo de las sensaciones equivale a decir que no sé qué tamaño tengo yo. No sé cuán grande soy. No estoy contenido dentro de nada más. No tengo límites. Carezco de fronteras o de bordes que me limiten. Estoy flotando en la Nada, apareciendo y desapareciendo en la Nada. Estoy emergiendo milagrosamente de la «niebla». Todo esto no son más que palabras. La experiencia en sí es no verbal y puedes describirla como más te guste.

Ahora, abre los ojos. Aún eres consciente de tus sensaciones corporales. ¿Tiene lugar este campo de sensaciones en una Capacidad distinta de aquella en la que aparecen las formas y los colores de la sala? Tan solo hay una única Capacidad. ¿Ahora que tienes los ojos abiertos, podrías decir cuán grande es el campo de las sensaciones en su totalidad? ¿Está contenido dentro de alguna otra cosa? El mío no. Mis sensaciones corporales se funden con la sala. Soy enorme, soy inmenso. ¿Es esto cierto para ti también? Ser inmenso es algo muy saludable para tu cuerpo, pues no es más que ser natural, estar sano. Así es como llegaste a este mundo cuando eras un bebé. Al ir creciendo vamos aprendiendo a vernos a nosotros mismos desde fuera y nos contraemos; robamos todas las sensaciones que están ahí, en el mundo, y las metemos en una «caja», aquí dentro. Después nos preguntamos por qué nos sentimos estresados. Pero ahora lo que hago es volver a despertar a mi propio punto de vista y redescubrir que mis sensaciones están por todas partes. El mundo entero está lleno con mis sensaciones. Es un mundo vivo. Soy inmenso; no estoy, escindido, separado del mundo. Todo está surgiendo siempre en este Espacio Único, en esta Consciencia. No hay nada fuera de mí, nada que esté más allá de mí ni nada que esté contra mí.

Ahora pon la atención en tu respiración. ¿Dónde está teniendo lugar? ¿Está dentro de algo? ¿Está contenida en el interior de algo? ¿No es cierto que el ritmo de la respiración está apareciendo en esta Nada Consciente? Si me contestas que está en tu cuerpo, ¿dónde está tu cuerpo? ¿En tu campo de visión? Bien, entonces, ¿dónde está tu campo de visión? ¡Flotando en la Nada! ¿No es cierto que tu respiración está sucediendo en el seno de esta Capacidad despierta e ilimitada en la que te encuentras? ¿No está contenida en el Uno, en esta Nada, este Silencio, esta Vacuidad, este Espacio indescriptible en el que todo está teniendo lugar?

David: Cuando has puesto todo bajo esta perspectiva ha sido fascinante. Pero después, cuando dijiste «pon la atención en tu respiración», al usar la palabra «tu» he sentido que todo se contraía nuevamente. Luego he eliminado la palabra «tu» de mi mente y lo que ha quedado era simplemente la respiración, la sensación. Cuando prescindimos de palabras como «mi», «tú» o «yo», todo vuelve a ser parte de la Visión Completa, de la Totalidad de la Visión.

Richard: Sí, entiendo lo que quieres decir. Pero, ¿me permites que lo rebata? Sé consciente de tu respiración... No, perdona, sé consciente de *la* respiración que aparece en el Espacio. Ahora sé consciente de la palabra «la». Esa palabra, «la», el sonido, la imagen o lo que sea que le acompañe, surge en el Espacio, ¿verdad? Pero, entonces, la palabra «tu», ¿no surge también en este mismo Espacio?

David: Sí. Me has pillado.

Richard: Por lo tanto, usar una palabra en particular no hace que dejes de ser consciente de este Espacio.

En el seno de esta Consciencia, en un cierto momento puede ser una sensación la que está en primer plano —en el centro de mi Consciencia—, y luego, al momento siguiente, puede ser un sonido o cualquier otra cosa; es como si todo estuviese siempre en ebullición, borboteando, apareciendo y desapareciendo. Pero esta Consciencia, el Espacio en el que todo sucede, no cambia, es constante.

Alex: A mí me resulta más sencillo darme cuenta de mi inmensidad a través de la visión y del oído que con las sensaciones corporales.

Richard: Sí. Te sugeriría que dediques más tiempo a las partes que encuentras más fáciles y que son más relevantes para ti y después, de forma gradual, dejes que esa consciencia se vaya filtrando poco a poco en los aspectos que te resulten más difíciles. Es parte de la diversión y de la aventura de todo esto. En lo que respecta a la comprensión, las piezas no encajan todas de una sola vez, sino que se trata de un despliegue gradual en todos los casos. Pero, créeme, cuando empiezas a decirle «sí» a la simple verdad de que eres inmenso, de que tus sensaciones se mezclan con el mundo, es algo que resulta tan curativo, tan liberador, tan saludable a nivel físico.

Pensamientos y sentimientos

Cierra los ojos y sé consciente de tus pensamientos y de tus sentimientos. Cuenta hasta cinco lentamente. Imagina que los números van apareciendo en la oscuridad. Ahora recuerda lo que tomaste para desayunar hoy por la mañana. Y ahora trae a tu mente a algún ser querido y sé consciente del afecto que sientes por esa persona. O también puedes pensar en algún problema que tengas en tu vida y en cómo te hace sentir. Pensamientos, imágenes, sentimientos... Todos ellos cambiando constantemente. Algunos te resultan agradables y te gustan, otros no. Algunos parecen ser muy grandes, otros más pequeños.

Ahora pon tu atención en el campo completo del pensar y el sentir, eso a lo que podríamos denominar el «campo de la mente», o, de forma aún más sencilla, tu *mente*. ¿Qué tamaño tiene? ¿Cómo es de grande? No puedo encontrar por ninguna parte un segundo campo con el que poder compararlo. No podría decir lo grande que es mi mente.

Algunos pensamientos y sentimientos son claros y nítidos y ocupan el centro del campo de tu atención, mientras que otros son más difusos y es como si estuvieran por los bordes. De algunos otros puede que tan solo captes un breve vislumbre, como si fuesen un tenue parpadeo de luz. Puede que percibas un recuerdo desdibujado e impreciso. ¿Qué fue aquello? No puedes recordarlo del todo.

Son pensamientos e imágenes difusos que están en el mismísimo borde de tu mente. Más allá de ese borde, de esa frontera, no eres consciente de tener ningún otro pensamiento. Si los hay, están fuera de tu alcance. O también podríamos decir que más allá del más débil pensamiento comienza la región en la que el pensamiento se desvanece en no-pensamiento, en la No-mente. Toda esta actividad mental está surgiendo y teniendo lugar en el seno de esta No-mente ilimitada, de esta Consciencia, de este Silencio. ¿Tienes que dejar de pensar para poder experimentar esta No-mente? ¡No! Es justamente donde tiene lugar el pensamiento. Del mismo modo que los sonidos brotan mágicamente de este Silencio, así tus pensamientos están emergiendo de esta No-mente misteriosa, de este Espacio en blanco infinitamente creativo. Luego, se disuelven nuevamente en él. Los pensamientos no obstruyen ni oscurecen la No-mente, tan solo ocurren en su seno.

¿Están tus pensamientos y sentimientos separados del resto de tu experiencia, del resto del mundo? Oyes el sonido del tráfico. Junto con ese sonido, brotando de la No-mente, puedes estar teniendo también la imagen de un coche. ¿Surge la imagen mental del coche en una Capacidad distinta y separada de aquella en la que aparece el sonido físico? En mi experiencia, no. Tanto la imagen como el sonido están teniendo lugar en una misma Capacidad. ¿Podrías decir que el sonido está «ahí fuera» mientras que el pensamiento está «aquí dentro»? Pon atención al pensamiento del coche. Yo no veo ninguna línea divisoria entre mi imagen del coche y el sonido del coche. Ahora oyes una campana repicando. ¿Tus reacciones al sonido de esa campana están separadas del propio sonido de la campana?

Todas estas palabras hacen que parezca complicado, cuando en realidad la experiencia es simple y evidente por sí misma. Cuando digo que todo está teniendo lugar en esta Capacidad única, en la Consciencia, hace que parezca como si hubiese dos cosas; por un lado la Consciencia y por otro lo que está ocurriendo en ella. Pero lo cierto es que no hay dos cosas sino tan solo una. En todo caso, dado que tenemos la experiencia, no tenemos por qué preocuparnos demasiado de qué palabras concretas usamos para expresarlo.

Abre los ojos y ¡vuelve a crear la sala en la Nada! En esta Nada, vemos que los pensamientos y los sentimientos aparecen junto con las formas, los colores, los sonidos y las sensaciones.

¿No es cierto que tanto tus pensamientos y tus sentimientos, así como tus sensaciones, se funden con la sala? Mis pensamientos no están metidos dentro de una especie de contenedor aquí que esté separado de la sala ahí fuera. Si pienso en la alfombra, mi pensamiento de la alfombra no está aquí, en mi cabeza, separado unos metros de la alfombra. No. La alfombra, mis pensamientos, mis sentimientos, los sonidos... Todos ellos se dan a la vez en este único Espacio sin cabeza. Digo que yo estoy pensando, pero igualmente podría decir que es la sala la que está pensando, o que es el Uno el que está pensando. Resulta muy interesante poder ver lo que está pensando el Uno, ¿verdad? Estás observando los pensamientos cambiantes del Uno como quien observa cómo va cambiando el tiempo y ve pasar el sol, la lluvia y las tormentas. La sala está llena de vida con todos estos pensamientos, sentimientos y sensaciones que cambian constantemente. Es como si saltasen brevemente de Ninguna parte, apareciesen por un instante y luego volviesen a caer en ella. La totalidad de las cosas está brotando de Ningún sitio sin que absolutamente nadie esté manejando los hilos para que así suceda.

Tenemos encuentros en vídeo por internet de forma regular. Esta mañana alguien comentaba que los pensamientos son como la lluvia. Es una metáfora muy buena, porque la lluvia no está dentro de mí sino que está ahí fuera, en el mundo. Así es que esa imagen nos está indicando que el mundo está saturado de pensamientos y sentimientos, que todos ellos están ahí fuera, no aquí dentro. Aquí, en el Espacio, ¡siempre está seco! Aquí nunca llueve. Es una imagen muy hermosa; ¡el mundo está empapado y chorreando de pensamientos y sentimientos! También transmite la idea de que se trata de un mundo pensante, sintiente, un mundo que vive y que respira. El universo está vivo. Un universo vivo sería un universo que pensase, que sintiese y que respirase, ¿no creéis? ¡Ahora puedo verificar y afirmar que así es!

Mark: Ver quién eres realmente es como tener un paraguas abierto bajo la lluvia.

Richard: ¡Sí! ¡El paraguas de tu Verdadera Naturaleza! Te mantiene seco. Puede que ahí fuera esté lloviendo, pero como la lluvia no afecta a tu Verdadera Naturaleza, al mismo tiempo no supone ningún problema. El mundo está empapado de sentimientos y pensamientos. Tus pensamientos actuales sobre mí se funden conmigo, ¿verdad?; tus pensamientos sobre lo que está sucediendo ahora están en esta sala, es el propio taller el que piensa y siente. Es una forma muy distinta de ver las cosas. Te deja libre para poder pensar de formas nuevas. Y también libera al pensamiento de la caja en la que imaginabas que estaba metido; la caja de tu cabeza. Esta liberación de tus pensamientos hace que puedas ser mucho más creativo. Ahora eres consciente de que tus pensamientos y tus reacciones surgen de la No-mente, de que estás Abierto, de que aparecen de la Nada. Ahora es la No-mente la que está pensando, y la No-mente es ilimitada.

Los niños saben de forma innata que su mente es inmensa. Esto es debido a que aún no han aprendido que está encajonada, separada del mundo. Cuando somos niños al hacer las tareas escolares pensamos con el cuaderno de ejercicios, hasta que nos enseñan que no es así, que se supone que tenemos que pensar aquí, en nuestra cabeza. Pero es mucho más fácil pensar ahí, en el cuaderno de ejercicios; hay mucha menos confusión en él, hay mucho más espacio ahí fuera. Resulta mucho más difícil pensar en el diminuto espacio de tu cabeza. Deja que tus ideas aparezcan ahí, como por arte de magia, en el cuaderno de ejercicios. Deja que lo que escribes aparezca ahí, en la hoja. Al hablar, deja que tus ideas vayan surgiendo y desplegándose desde la No-mente. No tienes por qué tenerlo todo listo y preparado aquí, en una mente imaginaria. Porque, de todos modos, tu mente no está aquí. Ese es el problema, pensar que está aquí, en tu cabeza. No. Lo que hay aquí es Nada, esta Nada increíblemente creativa. El universo entero emerge de esta Nada, está empapado de pensamientos. Llueven pensamientos. Es algo poético, algo hermoso. Llueven pensamientos. ¡Y hoy hay toda una tormenta aquí!

Cuando llueve no te sientes responsable ni te sientes mal por ello. No piensas: «Es culpa mía que esté lloviendo». Igualmente, una vez que te das cuenta de que tus pensamientos son como la lluvia, que están ahí fuera en el mundo, entonces también dejan de ser culpa tuya; dejas de sentirte responsable de ellos. Llueven pensamientos. No cabe duda de que algunos de los pensamientos que tienes son más soleados y otros son más bien como negros nubarrones, y, lógicamente, prefieres los soleados, pero cuando *sitúas* tu mente en el lugar que le corresponde, cuando ves *dónde* está realmente, que está *ahí* y que no ocupa el lugar central, entonces te liberas de ella. Y entonces es cuando tu mente suspira aliviada. Te ama profundamente por haberla dejado marchar al lugar que realmente le pertenece. Te da las gracias cuando la dejas estar en su lugar. ¿Dónde está tu mente? Esa es la cuestión.

Colin Oliver, un amigo mío, escribió un poema sobre este tema:

Las abejas del pensamiento

Si los pensamientos fuesen abejas
¿quién se preocuparía de mantenerlos
encerrados en la colmena de la cabeza?
Este que hace años
la pretendida colmena
con el certero martillo de su Visión,
no ve caja alguna, casa alguna,
puerta alguna que cerrar.
Así se rompe el hechizo de las imágenes,
y el enjambre
queda libre
para esparcirse por el mundo.

EL EXPERIMENTO DE LOS OJOS CERRADOS

> Esta colmena de la Nada
> impregna el mundo entero
> con la miel de su amor.
> Y las abejas del pensamiento
> campan a sus anchas, vigiladas de cerca
> por el Ojo de su Reina.

Si mantienes a tus pensamientos encerrados en una cabeza imaginaria no resulta sorprendente que se enfaden, confinados ahí, como si fuesen abejas zumbando en ese pequeño espacio. ¡Destroza esa colmena imaginaria con el certero martillo de la Visión! Ahí fuera, en el mundo, las abejas del pensamiento pueden volar libres de nuevo. Ya no están aprisionadas, encerradas, confinadas. Ya no zumban como locas dentro de la colmena. Mis pensamientos son inmensos y están esparcidos por toda la sala. Están ahí fuera, con las estrellas. Ese es su lugar, es ahí a donde pertenecen. Mis sentimientos son inmensos. Están por todas partes. Yo soy inmenso.

Capítulo 8

Nada puede alterarlo

William: Cuando soy consciente del Espacio noto que los pensamientos intensos no tienen el mismo efecto.

Richard: No pueden alterar a la No-mente, ¿verdad? No pueden hacerlo. No es que tu No-mente se esté volviendo más fuerte ni nada por el estilo. Simplemente no se ve alterada ni perturbada por nada. De modo que te relajas. De algún modo te dices a ti mismo: «De acuerdo. Está claro que los pensamientos no afectan a la No-mente. Así es que no tengo que protegerla ni preocuparme por mantenerla despejada. Siempre está clara y despejada».

William: A veces parece como si el pensamiento fuese muy grande, como cuando me pongo la mano delante de la cara. Parece ser más grande y ocupar más espacio que cualquier otra cosa en este Espacio.

Richard: Cuando colocas la mano frente a ti y esta pasa a ser tan grande como la propia sala, interfiere de algún modo con el Espacio que hay a este lado de ella?

William: No es agradable.

Richard: No, no es agradable, pero el hecho es que no afecta al Espacio. ¿Cierto?

William: Sí. Es cierto.

Richard: La idea de que tu Verdadera Naturaleza está libre de toda perturbación, de toda alteración, se ve reflejada en todas las grandes tradiciones espirituales. El taoísmo se refiere a ella como el cuerno del toro que puede clavarse en cualquier cosa pero no puede clavarse en la Vacuidad. ¿A qué demonios se refieren con esto? De lo que están hablando es del Espacio desde el que ves, porque nada puede clavarse en este Espacio. No es que se deba a que de algún modo hayas desarrollado tu práctica y finalmente hayas conseguido que las cosas no afecten a tu Verdadera Naturaleza. No. Las cosas nunca jamás han afectado a tu Verdadera Naturaleza, pero lo que ocurría es que no eras consciente de ello.

Mark: Siempre he tenido muchas expectativas debido a mis

pasadas experiencias con la meditación y con gurús. Mi mente es de las que piensan: «Esto debería ocurrir y esto otro no debería de ocurrir» y, si no ocurre como yo espero, pienso que entonces no es algo válido, no es real. Así es que, ¿qué harías con una mente así, una mente como la mía?

Richard: ¡Di mejor una mente como la nuestra! Bien, el gesto de apuntar en dos direcciones nos está indicando las dos visiones: la visión hacia la Vacuidad y la visión hacia fuera, hacia todo lo que llena esa Vacuidad, ese Vacío. En esta dirección, hacia dentro, no ves ninguna de esas expectativas ni nada en absoluto, ¿verdad?

Mark: No, pero eso no evita que mi mente esté aún ahí, presente.

Richard: Sí, la mente es parte del contenido de este Espacio. Está teniendo lugar ahí, en algún lugar de este Espacio, de esta No-mente. Esto ya es en sí mismo meditación; estamos prestándole atención a cómo son las cosas en este momento, incluyendo cualquier expectativa que pudiera estar presente. El objetivo principal no es en absoluto deshacerte de tus expectativas sino darte cuenta de que aquí, en el Centro, estás totalmente libre de ellas. Estamos trayendo nuestra atención a este lugar, a esta No-mente, a la Fuente de la mente, desde la cual surgen las expectativas. Lo importante aquí es no pasar por alto este espacio de Libertad y de No-pensamiento, incluso cuando estás pensando o teniendo expectativas sobre cómo deberían ser las cosas.

Mark: Ayer por la noche estaba tumbado en la cama y pensé: «Voy a hacer un experimento. Voy a ser este Espacio». Y de repente fue como si este Espacio comenzara a expandirse. Luego volvió a aparecer la mente. ¡Arghh!

Richard: Sí, sé a lo que te refieres. Pero no hay nada de malo en eso. Todo eso surge del Espacio. Date cuenta de que esos pensamientos están surgiendo de este Espacio. Simplemente mantente consciente de forma continuada del Espacio que no se ve nunca afectado por los pensamientos.

Dale: He leído mucho sobre lo que dicen al respecto las diferentes tradiciones y también he pasado mucho tiempo practicando. Todas ellas tienen formas muy válidas de expresar esta idea, pero creo que muchas veces el problema radica en que siempre estamos escuchando la experiencia que alguna otra persona ha tenido sobre esto, de forma que nos influyen y nos condicionan; pensamos que nosotros también deberíamos tener una experiencia similar a la de ellos. Creo que ese es el mayor error que cometemos, porque, en realidad, esto es completamente inmediato. Algunas personas se enfadan, otras se ponen eufóricas, pero lo cierto es que cuando hemos apuntado de vuelta a este Espacio y nuestra atención simplemente reposaba en esta Claridad por sí misma, hemos podido darnos cuenta por nosotros mismos de que esto nunca va ni viene, nunca cambia. Pero todo lo que puedes nombrar sí que cambia. Eso es lo importante. Todas esas historias que nos cuentan los demás, diciéndonos que deberíamos sentir esto o lo otro... En realidad eso no es en absoluto a lo que nos estamos refiriendo aquí. Todas esas historias son experiencias, contenidos que aparecen y desaparecen en el seno de lo Incesante. Es verdaderamente hermoso. Después, cuando esto se convierte en la principal experiencia, podemos encontrar el sentido de todas esas historias y experiencias, pero todas ellas simplemente vienen y van. A veces nos centramos en lo externo, en aquello a lo que señalamos con el dedo que apunta hacia fuera, en la experiencia, y puede tratarse incluso de una experiencia cumbre, pero siempre pasa, siempre termina. Y entonces pensamos que hemos vuelto a perderlo. Pero es imposible perder esto. Ahí reside su belleza, su alegría, su misterio.

Capítulo 9
La seguridad y la inseguridad

Roger: ¿Podrías hablar un poco más sobre el tema de la seguridad que conlleva ver este Espacio? Porque yo soy capaz de llegar ahí, de situarme en ese lugar, pero aun así noto que sigue habiendo un miedo subyacente. Me encantaría poder sentirme seguro pero lo cierto es que ese sentimiento no está aquí presente. Después pienso que los sentimientos simplemente surgen en este Espacio y todo eso, pero, ¿podrías explicarlo un poco mejor?

Richard: Sí, los sentimientos están en el Espacio. Incluso esa incertidumbre profunda que notas en el trasfondo surge en este Espacio que siempre está lleno de algo y que no se ve afectado en absoluto. Ahora, cada vez que aparezca una sensación o un sentimiento de inseguridad puedes comprobar por ti mismo si afecta o no al Espacio. Puedes aplicar esa Consciencia que siempre está ahí, continuamente. Esto es meditación. No se trata de evitar ciertas cosas, de intentar librarnos de ellas o suprimirlas de algún modo. De lo que se trata es de prestarles atención tal y como se presentan en el Espacio. Ni siquiera tienes por qué comprender lo que significan; te limitas tan solo a poner la atención en ellas en el seno de esta Nada. Las mantienes ahí, en esta Nada que nunca cambia, y entonces observas lo que ocurre. Ahora dispones de un lugar en el que poder situar y con el que poder acoger esa incertidumbre. Esa sensación es totalmente comprensible, porque desde el mismo momento en que nacemos se nos enseña a identificarnos con la persona que aparece en el espejo y, obviamente, el tipo del espejo es profundamente vulnerable. Es normal que nos sintamos inseguros, porque la incertidumbre y la inseguridad siempre están ahí, subyacentes en nuestras vidas. Lo cierto es que sería muy raro que no sintiésemos cierta inseguridad a veces. Tener este tipo de sentimientos resulta apropiado.

Y esto es algo que tenemos que reconocer claramente, porque cuando sentimos esa inseguridad básica siempre pensamos que hemos hecho algo mal. «¿Cómo es posible que me sienta así cuando nadie más lo hace? ¡Sin duda tiene que haber algo mal en mí!». Pero no. En realidad, sentir esa inseguridad básica resulta apropiado en ocasiones. Y nunca vamos a ser capaces de resolverla en su propio nivel, porque como personas somos totalmente vulnerables, estamos sujetos a sufrir todo tipo de accidentes y, sin duda, moriremos. Sabemos todo eso. No podemos ni debemos negar lo que es real a ese nivel. Pero ahora también hemos despertado al nivel que es libre y seguro. Ahora podemos observar, sopesar, dar la bienvenida y albergar todos esos sentimientos de inseguridad en el seno de esta Seguridad que no depende de nada. Esto no es una forma de suprimir o de manipular nuestros sentimientos; es más bien ver claramente dónde están, dónde se encuentran. Tú eres el Espacio en el que toda inseguridad tiene lugar. Compruébalo. Este Ver no es algo que necesariamente vaya a disolver tu ansiedad de forma inmediata, así es que si estás aplicando esta Nada a tus sentimientos de ansiedad y ves que no desaparecen, date cuenta de que no estás haciendo nada mal. Tan solo sigue en ello, no abandones, sigue adelante. Esto es meditación. Meditación en las dos direcciones. Y también es algo práctico en el sentido de que es simple y claro y de que, independientemente de cuáles sean las circunstancias, siempre podemos hacerlo inmediatamente. No se trata de negar lo que estás sintiendo ni de fingir que no estás sintiéndolo. Reconoces que puede haber una muy buena razón por la que te sientas ansioso y alterado, pero ahora también eres consciente de que eres mucho más que este individuo humano vulnerable; eres el Espacio en el que todo esto está ocurriendo. Y en este Espacio no hay ninguna vulnerabilidad, ninguna ansiedad, ninguna alteración.

Roger: Richard, sobre esto que acabas de comentar de que la vulnerabilidad y la inseguridad son cosas naturales, lo cierto es que la sociedad nos dice que tenemos que sentirnos bien todo el tiempo y cuando no lo hacemos, cuando simplemente tenemos estos sentimientos naturales, parece haber una tendencia a sentir y pensar que hay algo equivocado en nosotros, que estamos haciendo algo mal. Hoy me he dado cuenta de que esta experiencia no tiene que ver con sentirse bien, sino con aceptar lo que sea que surja en el momento. Simplemente prestándole atención sin juzgarlo. Tan solo observarlo, tan solo aportarle esta actitud meditativa.

Richard: Sí. La atención en dos direcciones.

Roger: Y entonces hay un cambio.

Richard: Se trata de un viaje de descubrimiento, no es una receta fija que se pueda prescribir. Es un descubrimiento. Ahora dispones de la llave para abrir esa Puerta, atravesar su umbral y descubrir qué es lo que ocurre realmente, en lugar de pensar sobre lo que has leído y lo que crees que debería ocurrir e intentar que ocurra. No. Ahora ya tienes en tus manos la Llave Maestra. Cuando vuelvan a aparecer esos sentimientos de inseguridad, usa la Llave. Observa el sentimiento desde esta Puerta Abierta. Y después lánzate a la aventura de descubrir qué es lo que ocurre cuando, al mismo tiempo, tienes la sensación de que a un nivel fundamental siempre estás a salvo.

Roger: Supone una gran liberación de la tensión el darse cuenta de que no se trata de mejorar ni de cambiar de ningún modo, sino que esto es simplemente un viaje de autodescubrimiento.

Richard: Sí. Una aventura siempre es mucho más divertida que algo que ya está programado.

Capítulo 10
La pasión y el desapego

Carol: ¿No se vuelven las emociones menos intensas cuando uno se da cuenta de que es el Uno? Uno deja de aferrarse a la historia y esta ya no está tan centrada en las emociones, por lo que dejan de ser tan intensas. A mí no me hace sentir más conectada sino más desconectada.

Richard: Creo que es distinto para cada persona. Para mí es lo contrario; hace que mi vida sea más intensa. Siento de una manera más apasionada, pero al mismo tiempo soy consciente de que estoy viendo desde esta Libertad, desde este Desapego. Es una paradoja. Una vez que te das cuenta de que estás completamente Abierto y de que estás Seguro puedes permitirte correr mayores riesgos.

Henry: ¿Podrías repetir eso?

Richard: Claro. A nivel fundamental estás Abierto y totalmente Seguro, ¿no es cierto? Como ser humano esto te permite asumir más riesgos y confiar más porque ahora dispones de la red de seguridad de quién eres realmente. Sin ella, serías cada vez más y más cauteloso y precavido a medida que te fueses haciendo mayor, pero cuando ves lo que eres realmente tu vida se amplia, se ensancha, se hace mucho más grande y gana en profundidad.

Barbara: Yo también creía que sentiría las cosas con menor intensidad. Sin embargo, siento las cosas más intensamente pero ahora reacciono a ellas de forma distinta. Por ejemplo, si alguien a quien quiero muere, no lo voy a sentir menos, no me va a importar menos. Pero mi reacción y la forma de enfocar toda la historia que un evento así lleva asociado realmente cambia con esa consciencia.

Diana: Hay menos sufrimiento porque lo aceptas tal y como es. No es que lo sientas de forma menos profunda sino que lo sientes de una forma diferente.

Richard: Sí, muy bien expresado.

Capítulo 11
El miedo a la Nada

Eric: Sinceramente, me da rabia y me disgusta el hecho de que no haya nada aquí. ¡No hay nada aquí! Es algo que me hace temblar. Lo único que hay es pura mente, no hay más que esta nada. ¿Estoy en lo cierto? Es algo que me sobrepasa y me hace sentir abrumado.

Richard: Creo que sé a qué te refieres. A veces resulta abrumador. No sé si esto podrá servirte de ayuda, pero en mi propia experiencia está claro que esta Nada siempre está llena de algo. Nunca es simplemente Vacuidad sin más. Así es que cuando decimos que es Vacío, en realidad deberíamos decir que es un «Vacío para ser llenado con algo». No es más que una limitación del propio lenguaje. Pero la experiencia en sí misma es no verbal. Cuando me miras no puedes ver *tu* propia cara, pero, exactamente al mismo tiempo estás viendo la *mía*. Así es que tu Nada siempre está completamente llena. Está llena con todo lo que aparece, de aquí a las estrellas. Y está consciente. En sí, la idea de la Nada puede asustarnos, pero lo cierto es que la experiencia real es plena, siempre está llena con todo lo que en ella aparece y está completamente despierta.

Eric: Me doy cuenta de que tan solo hay esta Nada y meto todo dentro de ella para volver a sentirme bien de nuevo.

Richard: El objetivo principal y lo verdaderamente importante es prestar atención a cómo son las cosas en lugar de intentar manipularlas para que sean como queremos. Para mí, según mi propia experiencia, veo que lo que es dado —antes de intentar modificarlo para así sentirme mejor— no está simplemente Vacío, sino que también está completamente Lleno. Así es como se presenta, como me es dado, me guste o no.

Eric: ¿Importa realmente verlo de una manera o de otra? Yo simplemente estoy tratando de desentrañarlo.

Richard: Sí. Muy bien. Inténtalo con todas tus fuerzas. No estamos aquí simplemente para conformarnos sin más con algún tipo de mensaje consolador, sino para estar despiertos a la forma en la que se dan las cosas verdaderamente, para aceptar con humildad cómo son las cosas en realidad. Y, finalmente, para descubrir y dilucidar por nosotros mismos si merece o no la pena vivir desde la verdad en lugar de hacerlo desde una mentira. Yo puedo hablar con alguna autoridad tan solo desde mi propia experiencia, y en ella constato que esta Nada está Llena y que no hay absolutamente ninguna línea divisoria entre esta Nada y todo lo que hay en ella. Cuando uso el lenguaje parece como que por un lado está esta «Nada» y por el otro hay «algo», pero en la experiencia ambas se funden en uno. No veo ninguna línea, ninguna frontera que divida a la Nada del Algo. No son dos.

Kevin: Todo lo que experimento soy yo mismo.

Richard: Lo que estamos haciendo aquí es redirigir nuestra atención a lo que ese «yo» es realmente. La sociedad siempre está reflejando sobre nosotros nuestro propio aspecto y nos dice que somos la persona que aparece en el espejo —lo cual, por supuesto, es cierto desde el punto de vista de la sociedad—.

Jennifer: Para mí, el aspecto que tengo para mí misma es lo que imagino que soy en mi mente.

Richard: Exacto. Pero después echamos una nueva mirada a cómo somos realmente para nosotros mismos.

Capítulo 12

Las cuatro etapas de la vida

Ahora voy a ofreceros una explicación de cómo encaja la experiencia de no tener cabeza en términos de las etapas de desarrollo por las que pasamos en la vida como individuos. Existen potencialmente cuatro etapas principales en nuestra vida: la del bebé, la del niño, la del adulto y la del veedor.

Primera etapa – El bebé

En esta primera etapa no tenías cabeza, eras inmenso, Espacio para el mundo. Aún no habías desarrollado ninguna conciencia de los tres aspectos básicos del mundo: el espacio, el tiempo y la consciencia.

Espacio

Ahora mismo tu campo de visión es más o menos ovalado, ¿verdad? No puedes ver nada a su alrededor. Si diriges la vista hacia algo, ese objeto al que miras pasa a estar en el centro de tu Visión, está más enfocado. Luego, al poner la atención en el resto de lo que ves, puedes apreciar cómo las cosas se van haciendo más tenues y difusas hasta que finalmente ya no puedes ver nada más. Me estoy refiriendo a lo que ves en realidad, ahora mismo. Pues bien, esta Visión, tu Ojo Único, es lo único que conocemos cuando somos bebés. Un bebé no tiene aún ningún concepto o idea de que algo pueda existir por encima del borde de su Visión —por ejemplo, el techo—. No es consciente aún de que exista algo más allá del borde izquierdo de la Visión, del derecho, del inferior o del superior, ni tampoco de que exista nada «detrás» de él. El bebé no se imagina que pueda haber algo «detrás» de él —una pared, por ejemplo—. Lo único que ve «tras» de sí es la Nada. El único espacio físico que existe para el bebé es el que está viendo en realidad en ese momento —la Visión, suspendida ahí de la Nada—. Tampoco tiene idea alguna de tener una cabeza en el lugar en el que está, ni de tener un cuerpo ahí, justo en el Centro. El bebé es transparente para sí mismo. Cuando pasas por delante de él, no pasas por delante de «él», sino que simplemente surges y te desvaneces en el Gran Vacío. Después, ¡alguien más aparece mágicamente del Gran Vacío! Al bebé se le cae el juguete que tenía en la mano y desparece por el borde de su mundo, se hunde en el Gran Abismo. Después su madre lo vuelve a recuperar ¡desde el absoluto no-ser!

Al ser preverbal, el bebé no piensa ni en estos términos ni en ningún otro. Obviamente, ahora yo ya soy un adulto, un veedor que describe cómo es esta experiencia, pero la propia consciencia que tengo ahora del Espacio en el que me encuentro me permite entender la experiencia que tenía cuando era un bebé, pues, en un sentido fundamental, nada ha cambiado. Ahora soy el mismo Espacio sin cabeza que era antes —la Visión sigue flotando ahora en la Nada igual que lo hacía cuando era un bebé—. Incluso a pesar de que como adulto «conozco» el resto del mundo que no puedo ver, mi conocimiento no cambia en forma alguna la experiencia esencial de ser inmenso, de no tener cabeza.

Tiempo

El bebé tampoco ha desarrollado aún ningún tipo de idea sobre el tiempo, sobre el pasado y el futuro. Tan solo es consciente del ahora, del momento presente —no de lo que ha ocurrido antes o después de ahora, sino únicamente del ahora, ahora, ahora—. De nuevo, mi propia conciencia como veedor de que mi Ser no está en el tiempo me permite comprender la condición atemporal que experimentaba cuando era un bebé.

Consciencia

La conciencia del «yo» y de los «otros» se dan juntas. Para ser consciente de mí mismo primero tengo que desarrollar la capacidad de ponerme en la piel del otro y verme a «mí mismo» a través de sus ojos —porque mi apariencia no se manifiesta aquí, en mi Centro, sino que lo hace a una cierta distancia, en los «otros»—. El bebé aún no ha desarrollado esta habilidad, aún no es capaz de salir de sí mismo, girarse y mirarse a sí mismo. Cuando mira a alguien aún no se ve a sí mismo desde el punto de vista de esa otra persona. Aún no comprende que los demás tienen una consciencia separada ahí —en su cuerpo, en su cabeza—, que también mira a través de ese par de ojos al mundo y a «él». Aún no tiene idea alguna de que los demás vean, escuchen o piensen. Experimenta a los «otros» simplemente como cosas que aparecen en su Consciencia. Para él, los «otros» no son más conscientes de lo que pueda serlo el suelo. Aún no tiene ningún concepto de un «tú» ahí, en ese cuerpo, que esté mirando a un «yo» en el suyo.

Dado que no se siente en absoluto observado, está totalmente desinhibido. Imagina que ahora mismo fueses un bebé y te pusiéramos en el centro de este círculo de personas. No sentirías para nada que hubiese veinte personas mirándote a ti. Para ti, ninguno de esos ojos está aún cargado de consciencia, mirándote y juzgándote. Así es que aún no tienes ningún pensamiento que te diga que los demás te están mirando, ni ninguna reacción ocasionada por la idea de que te estén viendo. Los sentimientos que tienes no están aquí confinados en la «caja» de tu «cabeza»; más bien están flotando por la habitación, por el aire, como si dijéramos. Sin ser consciente de ti mismo, tú te limitas simplemente a mirar y a ver. Después de observar una cara, puede que te llame la atención la sombra que hay tras ella proyectada sobre la pared, y te parecerá igual de interesante. Para ti esa sombra no está ni más ni menos viva que la cara. La espontaneidad de tu comportamiento no está restringida por ningún pensamiento sobre lo que los «demás» puedan pensar.

Comenzaste tu vida así, en este estado, como este Espacio abierto de par en par. Aún no estabas en el mundo; el mundo estaba en ti. Análogamente, tampoco estabas en el tiempo. Ni tampoco eras un «yo» entre «otros»; tu mundo aún no había sido dividido de esta forma. En un cierto sentido, lo único que había era Consciencia, pues aún no habías aprendido sobre la existencia de «los demás»; tú como el Uno aún no te habías convertido en «uno entre muchos».

Es contagioso

Sigue imaginando que eres un bebé. Como tal, eres el Espacio en el cual aparece todo y todos los demás. No eres consciente de ti mismo. Te experimentas a ti mismo como inmenso, expandido, abierto. Cuando miras la cara de alguien la acoges sin sentir en ti ningún tipo de vergüenza o de timidez. Transmites tu Apertura a todos los que te rodean. Tu Apertura es infecciosa, contagiosa. De una manera totalmente no verbal le estás dando permiso a todo el mundo para ser Abierto contigo, sin esfuerzo, sin palabras. Como adultos, podemos perfectamente pasar de estar hablando con la madre a, en un instante, hacerle carantoñas y muecas a su bebé. Empezamos a hablar en el idioma del bebé: «Gu gu ta ta, gu gu ta ta». Luego volvemos a girarnos hacia la madre y retomamos sin problema la conversación propia de los adultos que estábamos manteniendo: «¡Tienes un niño precioso!». Lo que estamos haciendo en realidad es viajar de una etapa de la consciencia a otra y regresar a la primera. Después, volvemos a ponernos frente al bebé y perdemos la cabeza nuevamente —porque el bebé no tiene cabeza alguna para sí mismo, no hay ninguna barrera—. Uno de los motivos por los que a la gente le encanta estar en compañía de bebés es porque esa Apertura que transmiten es contagiosa y pegadiza. Cuando miras a un bebé, este te invita a unirte a él en su carencia de cabeza. El bebé te infecta con su propia Apertura. De forma no verbal te está diciendo: «No tengo cabeza. Estoy abierto de par en par. Ven, únete a mí. Ven aquí y estate sin cabeza a mi lado». Y dado que él no tiene cara alguna para sí mismo, tampoco se siente mirado por ti. El bebé te mira, pero aún no comprende que tus ojos también ven. No se siente en absoluto observado o bajo inspección. Para ti, su falta de consciencia de sí mismo es una invitación para que penetres con él en su Apertura. Todos nacimos así, en este estado tan contagioso e infeccioso, transmitiendo Apertura a nuestro alrededor.

El espejo

Mira el espejo que hay en la cartulina. Imagina que eres un bebé y que lo que ves en él es la cara de un bebé —la cara que tú tenías cuando eras un bebé—. Para ti, ese no eres tú. Es imposible que seas tú, ¡porque está ahí y tú estás aquí! Además, es pequeño, mientras que tú eres enorme, ilimitado. ¡No te pareces en nada a eso que hay ahí en el espejo! Aún no has puesto ninguna cara aquí, en tu Centro. Si, por ejemplo, tu madre se está mirando al espejo a tu lado, entonces ves dos caras, pero no piensas que una de ellas seas tú y la otra no; ninguna de las dos tiene nada que ver contigo.

Las sensaciones

Como bebé, aún no piensas en las «sensaciones corporales» —que todavía no son tales— como si estuviesen contenidas aquí, dentro de un cuerpo, separadas del resto del mundo. De hecho, aún no sabes lo que es «dentro» o «fuera». Antes de que aprendieses a imaginar que hay una cara y un cuerpo aquí en tu Centro, tus sensaciones no estaban contenidas dentro de nada. Estaban simplemente flotando por la habitación, estaban por todas partes en el Espacio, flotando «en el aire», como si dijéramos. Ahora presta atención a la sensación que hay en tu frente. No puedes verte la frente. Según la evidencia presente, ¿cómo es de grande esa sensación? ¡Para un bebé puede ser tan grande como la habitación! Y, ¿dónde está situada? Resulta muy difícil determinar su localización. ¿Quizá por ahí, cerca del ventilador? ¿De qué color es? Ni idea. Para ti —como bebé—, cuando miras la cara de otra persona notas que tus sensaciones están «aquí», pero no que estén contenidas dentro de una «cara» aquí que te separe de la persona que está «allí», frente a ti. En lugar de eso, tanto tus sensaciones como la cara de esa persona surgen juntas y a la vez en el Espacio. Ocurre lo mismo con la forma que tienes de experimentar los sabores, los olores y los sonidos. Todo lo que experimentas emerge en el Espacio que eres.

Segunda etapa – El niño

En esta segunda etapa —la etapa del niño— comienzas a tener más movilidad, por lo que cada vez tienes una mayor capacidad para explorar el mundo por tu cuenta. Además, estás empezando a comprender el lenguaje, con lo que también comienzas a adoptar en ti mismo la forma de ver el mundo que tienen los adultos. La infancia es un periodo de transición entre el bebé, que no es consciente del «yo» y de los «otros», y el adulto que está totalmente convencido de ser un «yo» en una sociedad constituida por muchos «otros».

Como niño, estás comenzando a identificarte con «ese del espejo», estás empezando a vestirte con las ropas de tu apariencia humana, a hacerte responsable de la persona que ves reflejada en él. Al mismo tiempo, estás comenzando a comprender que los «otros» son reales. Se está produciendo un cambio trascendental: de ser el Espacio que lo contiene todo a ser una persona separada, de ver a los demás como simples «imágenes en la Consciencia» a verlos también como a seres separados y conscientes. Te estás uniendo al «club humano», en el cual el precio de admisión consiste en aceptar que eres tu apariencia y que los demás son reales.

Junto con esta consciencia creciente de ti mismo y de los demás se va desarrollando también la consciencia del tiempo y del espacio. Cuando empiezas a verte a ti mismo desde fuera también empiezas a verte contrastado contra un fondo, contra las cosas que están en un segundo plano, y este «telón de fondo» va haciéndose cada vez mayor a medida que tu conocimiento del mundo aumenta —va pasando del fondo inmediato de la habitación (en la que los demás ven que estás) a tu barrio, tu ciudad, tu país, tu planeta, tu sistema solar...—. Aprendes a resituar tu Visión real, que no tiene fondo alguno, en el contexto de estos fondos cada vez más y más grandes. En cierto sentido es como si coloreases todo aquello que está más allá de lo que ves, más allá de los límites de tu Visión. Ahora «sabes» lo que hay por encima o por debajo de tu campo de visión, lo que hay a la izquierda, a la derecha, e incluso lo que hay «detrás» de ti. Y también «sabes» que ha habido algo antes de este momento presente y que habrá alguna otra cosa después de él —conoces el pasado y el futuro—; estás aprendiendo a localizarte a ti mismo en el tiempo.

El espejo

Se te está enseñando a hacer unos cuantos trucos con el espejo que te permiten ponerte la cara que aparece en él y convertirte en una persona, en un miembro del «club humano». Imagina que haces lo siguiente: estiras la mano y la metes dentro del espejo, coges la cara que hay en él y la sacas de ahí tirando de ella hacia ti. Después la estiras un poco para que sea más grande —pues tal y como está ahora es demasiado pequeña—. Luego le das la vuelta como si fuese una máscara de goma, porque está mirando hacia el lado equivocado —está mirando hacia aquí y necesitas que mire hacia allí—. Finalmente, te la pones y la dejas ahí pegada en tu Nada central. Del mismo modo que has imaginado que te pones la imagen de tu cara aquí, en este Espacio, también tienes que imaginar que te pones la imagen de todo tu cuerpo.

Jennifer: Especialmente en el caso de las mujeres.

Richard: Puede que quizá de una manera diferente, pero los hombres tienen que hacerlo exactamente igual. Es algo por lo que todos tenemos que pasar. Como niño, estás descubriendo a través de los demás y del espejo quién eres en la sociedad. Todos cogemos esa identidad y nos la ponemos como si nos estuviésemos poniendo un vestido o un traje.

Cuando somos niños, los adultos se miran en el espejo con nosotros y nos dicen: «Ese niño eres tú». La misión de los adultos es enseñar a los niños a ponerse su apariencia. El hecho de crecer implica desarrollar el hábito de imaginar esa apariencia en tu propio Centro; es decir, verte a ti mismo como te ven los demás. Progresivamente, vas ignorando y suprimiendo cada vez más el Espacio, esta Consciencia indivisa que eres.

Vincular las sensaciones con la imagen

Estás aprendiendo a imaginar tu propia cara a la vez que ves la de otra persona. Estás aprendiendo a estar «cara a cara» con los demás. Esto lleva consigo también el aprender a vestir la las sensaciones invisibles que sientes «aquí» con la imagen de tu cara.

Mírate en el espejo y tócate la barbilla. A la vez que ves la imagen de tu barbilla en el espejo, sé consciente de las sensaciones que aparecen en ella. En mi caso, noto la sensación a la que denomino «mi barbilla» por *aquí*, en algún lugar indeterminado, pero no puedo *ver* ninguna barbilla aquí —es una sensación sin imagen alguna—. Por el contrario, veo en el espejo la imagen de mi barbilla, pero no tengo ninguna sensación *ahí*, donde aparece esa imagen. Así es que la imagen de mi barbilla la veo ahí, en el espejo, pero las sensaciones las tengo aquí. Durante mi primera infancia y mi niñez lo que hago es aprender a imaginar que transfiero esa imagen que aparece ahí en el espejo a las sensaciones invisibles que tengo aquí. En ese proceso tengo que cogerla, ensancharla y darle la vuelta para que esté mirando hacia el lado correcto —hacia fuera— y sea lo suficientemente grande. Estoy aprendiendo a pensar y a actuar como si la imagen de mi barbilla estuviese realmente aquí. Aunque no puedo verla aquí, de algún modo «sé» que está aquí.

Ahora deja de mirar al espejo pero sigue tocándote la barbilla. Ya no puedes verla. Cuando eres niño tienes que aprender a mantener en tu mente la imagen de la barbilla para que las sensaciones puedan estar revestidas con ella incluso cuando no la estés viendo en el espejo. Estás aprendiendo a llevar puesta tu cara durante todo el día. Tócate la nuca. Aunque no puedes verte la nuca tienes una imagen muy clara de ella. Es muy probable que cuando eras niño vieses fotografías de ti mismo tomadas desde atrás o que vieses a los demás tocándose la nuca. A partir de estas observaciones aprendiste a vestir las sensaciones con la imagen. Obviamente hacer esto es algo muy inteligente, porque si no ¡irías por ahí chocándote con los marcos de las puertas bajas!

Cuando somos niños aprendemos lo que somos para los demás, aprendemos en qué «caja» estamos, en qué cuerpo estamos. Está ahí, en el espejo, pero: «¡Ese es tu cuerpo! ¡Conquístalo y habita en él!».

Empatía

Aprender a mapear la imagen de tu cuerpo y sobreponerla a las sensaciones significa también que puedes relacionarte con «los demás». Ahora mismo yo os estoy viendo y, a la vez, estoy imaginando la cara que tengo aquí; estoy cubriendo las sensaciones que tengo con una imagen. Luego, llevo a cabo un proceso similar en lo que respecta a mi comprensión de la experiencia de los demás. Puedo ver tu cara, pero no tengo ninguna sensación en ella. Sin embargo, dado que he aprendido a vincular la imagen de mi propia cara a las sensaciones que tengo aquí, ahora puedo también imaginar sensaciones ahí, en la imagen de la tuya. Lo que esto significa es que ahora puedo imaginar cómo te sientes y empatizar así contigo. Así, cuando sonríes, yo sé las sensaciones que eso conlleva, porque he visto la imagen de mi propio rostro sonriendo en el espejo y ahora soy consciente de las sensaciones que acompañan a esa sonrisa cuando aparece aquí, en este Espacio. Dado que aquí conozco las sensaciones que van asociadas a una sonrisa, ahora puedo imaginarme las sensaciones que van asociadas a la tuya. Sin esta capacidad que nos permite transferir la imagen del espejo a la sensación que aparece en el lugar que ocupamos no podríamos empatizar con los demás. Cuando me ves sonreír sabes lo que se siente porque tú también has vinculado la imagen de la sonrisa de tu espejo con la sensación que tienes en el Espacio, de manera que cuando me ves sonreír es casi como si pudieses sentir mi sonrisa. No estás sintiendo mi sonrisa, sino que estás empatizando conmigo. Te estás imaginando a ti mismo en mi piel —en mi cabeza, en mi cuerpo—.

Imagina que eres un niño y que tu hermano está sentado a tu lado. Te encanta pellizcarle porque cuando lo haces ¡da un salto y pone caras graciosas! Es algo divertido de ver. Hasta que él te hace lo mismo a ti... ¡Duele! Y luego tu hermano te dice: «Eso es lo que se siente cuando te pellizcan. Cada vez que me pellizques te voy a hacer lo mismo yo a ti». Y tú no tardas mucho en dejar de hacerlo. En ese momento has aprendido que él también siente, que tiene sensaciones en su cuerpo. Antes de eso no habías desarrollado ningún sentido de eso, no tenías ni idea de que podía ser así. Después de esta experiencia, de esta «lección», sigues sin ser capaz de sentir lo que sienten los demás pero ahora aceptas el hecho de que también sienten. Ocurre lo mismo con la visión. No tienes ninguna evidencia directa de que los ojos que ves en todas las cabezas que forman este círculo de gente estén viendo en realidad. Hasta donde tú sabes, no son más que «imágenes en la consciencia». Pero a medida que vas creciendo vas aprendiendo que los demás te ven cuando te miran porque te dicen que así es. Te dicen que pueden verte. Y también te dicen que pueden ver tus ojos y que tú también les estás viendo a ellos a través de esos ojos —a través de esos dos orificios que tienes en la cara—. Los demás insisten una y otra vez en que no estás mirando desde una Apertura ilimitada, desde un Ojo Único, sino que estás mirando a través de dos pequeños ventanucos. También te dicen que tus pensamientos están dentro de tu cabeza.

Una mente separada

En toda tu vida, los únicos pensamientos que has experimentado han sido los tuyos. Según la evidencia presente, ¿dónde están tus pensamientos? No puedes ver tu cabeza, por lo tanto en tu Centro no ves que haya ningún contenedor en el que poder meterlos. No hay nada ahí donde poder guardarlos. Podrías decir que tus pensamientos se encuentran esparcidos por todas partes, ¿no crees? Es como si estuvieran flotando en el aire. O también podríamos decir que están en la Consciencia, en el Espacio —el cual contiene también la sala en la que estás ahora—. Cuando eras un bebé y en tu primera infancia, para ti tus reacciones estaban ahí fuera, en la habitación. Formaban parte de lo que veías, de la visión externa. Tus sentimientos y tus sensaciones corporales también eran inmensos y estaban desperdigados por todas partes. Crecer es aprender a centralizar todas estas cosas, a separarlas del resto del «mundo externo» e imaginar que están contenidas dentro de ti, aquí, en tu cabeza, en tu cuerpo —porque, sin duda, la sociedad te dice que tu «mente» está en tu cabeza y que tus sentimientos se encuentran en tu cuerpo—. Una vez que aceptas la idea de que tus pensamientos están dentro de tu cabeza, entonces también aceptas la idea de que las demás cabezas también deben de tener pensamientos dentro de ellas.

Pero en tu primera infancia aún no eras consciente en absoluto de la existencia de otras mentes. Los psicólogos realizan una prueba a los niños para comprobar si ya han alcanzado la etapa de maduración en la que ya se acepta la realidad de la existencia de otras mentes. El psicólogo le muestra al niño una caja llena de lápices y de pinturas. Imagina que tú mismo eres el niño al que le están haciendo la prueba. Ves claramente todos esos lápices de colores que están dentro de la caja. Después, el psicólogo la cierra, de forma que ahora ya no puedes verlos, pero, obviamente, sabes que están ahí. Entonces alguna otra persona entra en la habitación y el psicólogo te pregunta: «¿Sabe esta persona que acaba de entrar lo que hay en la caja?». A lo que tú contestas: «Sí, claro». Tú sabes lo que hay en la caja y, por lo tanto, asumes que todo el mundo lo sabe. En lo que a ti respecta la idea de que los lápices de colores están metidos en la caja está ahí fuera, en la habitación, en el aire, es de conocimiento público, algo evidente. Dado que tú sabes, todo el mundo lo sabe. Seis meses después el psicólogo te vuelve a hacer la misma prueba. La caja está cerrada, pero tú sabes que esta vez está llena de bloques de construcción de colores. Entonces alguien entra en la habitación y el investigador te pregunta si esa persona sabe lo que hay en la caja, a lo que tú respondes: «Claro que no». Tu respuesta demuestra que ahora ya has aceptado la idea de que hay otras mentes en la habitación. Ahora has adoptado en ti mismo la idea de que estás dentro de tu cabeza, dentro de tu cuerpo, y que los demás no pueden ver lo que piensas o lo que sientes. Tus pensamientos ya no están «ahí fuera», en el mundo, donde todos pueden verlos, sino que están escondidos dentro de tu cabeza —esa cabeza que estás convencido que está ahí en tu Centro, aunque no la veas—. De esta forma, ahora tu «mente» es privada. Tu conocimiento sobre los bloques de construcción de colores es «tuyo», está «en tu cabeza». Ahora estás comenzando a tener una «vida interna» que tan solo te pertenece a ti y a la que nadie más tiene acceso. Estás empezando a darte cuenta de que puedes tener secretos o incluso decir mentiras, porque nadie más que tú puede ver tus pensamientos. Comienzas a ser consciente de que estás separado. Y, a la vez, comienzas a comprender que los «otros» se encuentran en la misma condición que tú mismo; están dentro de sus cuerpos y tú no puedes ver lo que sea que estén pensando o sintiendo. Ellos, al igual que tú, están separados.

Identidad flexible

Como vemos, el considerar que estamos dentro de un cuerpo o el hecho de convertirnos en un individuo separado es algo que aprendemos. No has nacido dentro de un cuerpo, no has estado separado desde el momento de tu nacimiento. Has de aprender lo que es tu cuerpo, como meterte en él y, finalmente, has de aprender a actuar como si estuvieras dentro de él. De niño, estás descubriendo en qué cuerpo estás. Estás aprendiendo lo que los demás ven que eres, quién eres en la sociedad. Pero continuamente te olvidas de ello; te olvidas de que eres «ese que aparece en el espejo». Tienen que estar constantemente recordándote que estás en ese cuerpo, que estás separado, que hay otras mentes, que hay «otros». «¿Qué te has creído? ¡Tú no eres el único que está aquí! No eres el centro del universo. ¡El mundo no gira a tu alrededor!». Pero lo olvidas una y otra vez. Tu posición por defecto es que tan solo existe una mente, la tuya; tan solo un campo de sensaciones, el tuyo; tan solo una consciencia, la tuya. Tu posición por defecto consiste en ser totalmente inconsciente de tu apariencia, en estar completamente abierto para el mundo, viviendo sin la más mínima consciencia de ti mismo desde tu Apertura original. Debido a que lleva tiempo aprender que estás contenido en ese cuerpo concreto que ves en el espejo, de niño puedes igualmente estar en cualquier otro «cuerpo». De manera que para ti es igual de fácil ser un tren, un coche o un león que ser un niño o una niña. Y, además, ¡es mucho más divertido! Experimentas con diferentes identidades. Muchas veces te olvidas por completo de que estás en una «caja», en un cuerpo, ¡y vas corriendo por ahí sin cuerpo y sin cabeza! Es una etapa de tu vida tremendamente libre, abierta, espontánea, lúdica y creativa.

Es contagioso

Todas las etapas de la consciencia resultan altamente contagiosas. Ya sabemos lo contagiosa que puede ser la consciencia del bebé. Si ahora mismo hubiese aquí un bebé nos estaría diciendo a todos de una forma no verbal: «Yo no tengo cabeza, y tú tampoco». Todos lo percibiríamos y responderíamos a ello. Es difícil resistirse a la Apertura de un bebé. Si hubiese un niño, también estaría transmitiendo de forma no verbal su propio estado de consciencia, pero nos estaría comunicando algo distinto al bebé; nos diría: «Estoy intentado meterme en un cuerpo pero aún no me he metido en ninguno en particular. ¿Por qué no vienes y te unes a mí en mi libertad, en mi flexibilidad? Te sacaré de esa caja humana en la que estás metido para que puedas convertirte en cualquier cosa. En este rato que vamos a pasar juntos seremos todo tipo de cosas, y podemos cambiar para ser algo distinto siempre que queramos». El niño te da permiso para ir inventando cosas sobre la marcha, para ser cualquier cosa. Esta flexibilidad y esta libertad es algo que conoces muy bien, pues también fuiste niño en algún momento.

Si hubiese un niño aquí y en la pausa para el café te pidiese que jugases con él a ser trenes no te importaría en absoluto ponerte a cuatro patas en el suelo y ser un tren. El resto de los adultos aquí presentes lo entenderían y lo verían como algo normal. El niño te estaría dando a ti, al adulto, permiso para ser un tren. Pero cuando acaba la pausa y el niño se va a jugar a otro sitio tú dejas de ser un tren. Si siguieras siendo un tren estando solo a la mayoría de los que estamos aquí nos parecería muy extraño.

Comunicación bidireccional

Toda comunicación es siempre bidireccional Yo estoy en ti y tú estás en mí. A la vez que al adulto se le da permiso para volver a comportarse como un niño al verse infectado por la fluidez y la Apertura del niño que está con él, el adulto también está enseñando al niño a abandonar esa Apertura básica y a identificarse con el individuo que aparece en el espejo. Es decir, le enseña a convertirse en un adulto. Mientras que el niño me da permiso para ser un tren, yo estoy inevitablemente lanzándole al niño un mensaje que dice: «Esto no es más que un juego, no es real, es fingido. En realidad no eres un tren. La "realidad" es que tú eres un niño o una niña que juega a ser un tren».

Compórtate

Imagina que eres un niño y que estás correteando por ahí siendo un avión. En lo que a ti respecta, estás volando de verdad. Además, tu motor a propulsión está haciendo mucho ruido. Pero también hay adultos a tu alrededor que no están jugando contigo. Chocas con uno de ellos, el cual se enfada y te dice bruscamente: «¡Compórtate!». De repente tienes que enfrentarte al hecho de que «realmente» no eres un avión sino un niño, una persona. En ese momento te metamorfoseas y pasas de ser un avión a ser un niño pequeño o una niña pequeña. Dejas de corretear por ahí —dejas de volar—. Ya no eres un avión ruidoso. Pero, unos instantes después ya te has olvidado de nuevo de que eres un niño o una niña y vuelves a ser un avión…

Hasta que de nuevo un adulto te dice que te «comportes» y vuelves a transformarte y a adoptar la forma de tu cuerpo humano. Vuelves a ser consciente de «ti» mismo, consciente de ser una persona. La niñez es un periodo de aprendizaje en el que experimentas con llevar puesto un cuerpo, en el que vas aprendiendo a habitar dentro de un cuerpo concreto. Tu vínculo con ese cuerpo que aparece en el espejo aún no es demasiado fuerte, así que vas experimentando con cuerpos diferentes.

El abandono de tu apertura

Sin embargo, según va pasando el tiempo, cada vez estás más

asentado en el cuerpo que la sociedad te dice que es el tuyo. Cada vez pasas más por alto, olvidas o niegas tu estado carente de cabeza, tu Apertura natal.

Y lo cierto es que es de vital importancia que abandones tu Apertura y adoptes la forma de un cuerpo —del cuerpo del espejo—. Has de jugar al juego de tener una cara —al juego de la cara—. Y, de hecho, has de aprender a jugarlo tan bien que en un cierto momento ya no es un juego, sino que pasa a ser la «realidad». De otro modo sería imposible que pudieses funcionar en el seno de la sociedad —y lo más probable es que acabases necesitando ayuda médica—. Lo cierto es que estás encantando y contento de participar en este «juego». Estás deseando «jugar», tienes unas ganas enormes de unirte a los demás, no quieres que te dejen fuera. En todo caso, este es el único «juego» que hay disponible. No quieres seguir siendo un «bebé, sino que quieres «crecer», hacerte mayor, convertirte en un adulto.

Angela: En mi infancia hubo algunos momentos que estoy segura que un psicólogo hubiese calificado como experiencias traumáticas. Recuerdo cierta ocasión en el jardín de infancia en la que una chica pasó corriendo a mi lado, me golpeó en la nariz y me hizo daño. Empecé a llorar. Pero creo que justo antes de ese momento me encontraba en un estado sin cabeza. Pienso que el trauma vino no tanto del hecho de que esta niña me hubiese golpeado y que yo estuviese llorando, sino que fue causado más bien porque me habían sacado de golpe del estado sin cabeza.

Richard: Eso tiene sentido. Todos tenemos que pasar por el trauma de ser sacados de golpe del estado sin cabeza para ingresar en el estado «con cabeza». Todos nos contraemos desde el estado en el somos Nada y Todo al estado en el que somos una cosa pequeña.

Creer en los demás

Kevin: Dices que a medida que nos desarrollamos vamos comprendiendo que los demás también piensan. Pero no creo que sea algo que comprendamos, sino más bien algo en lo que creemos.

Richard: Sí, lo creemos.

Kevin: Desarrollamos un sistema de creencias. Como niño no comprendo que tú también estés pensando sino que voy desarrollando un sistema de creencias que me dice que ahí, en esa cara que me mira, hay otra persona, hay alguien más. Pero no es realmente algo que yo sepa. No lo sé en absoluto. Hay como una especie de barrera que me impide saber lo que estás haciendo, o incluso si estás realmente ahí o no. Creo que más que una comprensión lo que desarrollamos es un sistema de creencias. Puede que lo que se dé sea incluso una total falta de comprensión.

Richard: Sí. ¡*Comprendo* lo que quieres decir!

Kevin: ¡Ya lo sé! [Risas].

Richard: ¡Sí! Pero si no asumimos y adoptamos esa creencia no podríamos unirnos a la sociedad para formar parte de ella, porque entonces las personas seguirían siendo tan solo «imágenes en la consciencia», sin que hubiese nadie ahí ni aquí. En ese sentido, tú —como Espacio— estarías totalmente solo y la «sociedad» no sería más que una simple idea, un concepto. No tendría ningún significado para nosotros.

Tercera etapa – El adulto

En la tercera etapa, la del adulto, me identifico profundamente con ese individuo que aparece en el espejo. Lo que realmente distingue a un adulto es que cuando se ve en el espejo no duda ni un instante de que esa persona que ve reflejada es ella misma. Sabes sin duda que eres tú. Como adulto, creo profundamente que soy mi apariencia, que soy ese que veo en el espejo, que en el Centro, a cero centímetros de mí mismo, soy exactamente igual a lo que los demás ven de mí a unos metros de distancia. Al aceptar que estoy cara a cara con los demás, ahora sé y estoy convencido de que soy una persona separada e independiente de los demás.

Es contagioso

Esta etapa también resulta muy contagiosa. Cuando creo que soy un cuerpo aquí y actúo como tal, entonces trato a los demás como si estuviesen en la misma condición ahí. La verdad subyacente que dirige mi vida es: «Yo estoy en un cuerpo y tú también estás en un cuerpo». Como hemos visto, la experiencia del bebé es: «Yo no estoy en ningún cuerpo ni tú tampoco». La del niño es: «Aún no estoy seguro de en qué cuerpo estoy. Ven conmigo y sé cualquier cosa que quieras ser». Ahora, como adulto, el mensaje que transmitimos es: «Estoy aquí, detrás de esta cara, y tú estás allí, detrás de esa otra cara». Al verme a mí mismo de este modo te veo también a ti de la misma manera. Y tú asumes también sin problema el mensaje que yo te envío. Cuando te miro, tú te sientes observado por mí. Te estoy comunicando cómo te veo, lo que creo que eres. Te estoy diciendo con todo tipo de señales verbales y no verbales que eres una cosa, una persona. Y tú no te limitas a aceptar mi mensaje, sino que también lo emites hacia mí. Cuando tú me miras yo también me siento observado —soy totalmente consciente de que yo mismo soy una persona a tus ojos—. Como adultos, con solo mirar a alguien ya le estamos comunicando que somos una persona y que ellos también son personas. Ahora nos apoyamos mutuamente, nos ayudamos unos a otros a mantener esta conciencia de nuestra apariencia y nuestra identificación con ella. Lo que nos estamos diciendo es: «Mi consciencia está aquí, detrás de mi cara, y la tuya está ahí, detrás de la tuya. Estamos cara a cara, estamos separados. Mis sensaciones están contenidas en mi cuerpo y tus sensaciones están contenidas en el tuyo. Mis pensamientos están aquí, en mi cabeza, y tus pensamientos están ahí, en la tuya». Para llegar a esta tercera etapa del adulto has recorrido un largo camino desde que eras un bebé y no habías desarrollado ningún sentido de ti mismo ni de los demás.

La negación de lo que realmente somos

En la edad adulta, mi profunda aceptación de la realidad del yo y de los otros viene acompañada por la negación de la realidad de mi Espaciosidad, la negación de quién soy realmente. Como adulto, si alguien me dice que no tengo cabeza, rechazo la idea inmediatamente: «¿A qué te refieres con que no tengo cabeza? ¡Es de locos! ¡Por supuesto que tengo una cabeza! Aquí soy una cosa, no soy Nada. Ya sé que no puedo ver nada aquí, pero eso no quita para que sepa que mi cabeza está aquí».

El miedo a no ser

Cuando eres un adolescente y estás descubriendo quién eres en la sociedad lo último que deseas es no ser nadie. Lo que quieres con todas tus fuerzas es ser alguien en el mundo. No quieres quedarte fuera del juego. No quieres ser el último al que eligen para formar parte de un equipo. Necesitamos pertenecer, necesitamos ser aceptados, no queremos sentirnos rechazados. Así es que a esta edad consideramos que la idea de ser nada, de ser una no-entidad, de ser nadie, de ser un perdedor, es lo peor que hay en el mundo. Tememos cosas como no saber qué decir, no encontrar las palabras adecuadas, no saber quién somos o en qué cosas somos buenos. A esta edad tienes que descubrir quién eres, tienes que dar el máximo de ti mismo, moverte rápido, no perder el tiempo. Esta urgencia por ser alguien es totalmente comprensible. En nuestro desarrollo es completamente saludable y apropiado convertirnos en alguien, tener éxito como personas individuales. Sin embargo, no es de extrañar que haya en nosotros un miedo acechante a resbalar y caer de nuevo en lo que ahora creemos que es el abismo, la oscuridad que subyace en nuestro Centro —esa Nada de la que estamos tratando de alejarnos cueste lo que cueste—. Además, independientemente de que pensemos mucho en ello o no, sabemos que al final del todo moriremos, que todo lo que hayamos conseguido y todo aquello en lo que hayamos logrado convertirnos acabará reducido a cenizas y desaparecerá. Si rascamos un poco en la superficie no tardamos en descubrir que el no-ser nos está mirando fijamente con sus ojos amenazadores.

Mejor imposible

La sociedad nos dice que esta tercera etapa del adulto es la fase final del desarrollo, que de esto trata la vida. Nos dice que crecer es descubrir quién eres como individuo —sin que tengas ninguna posibilidad de elección en cuanto a quién eres al nacer— y, después, responsabilizarte de esa persona. Según la sociedad, eso es más o menos todo, no hay ninguna otra etapa posterior, en el sentido de que no puedes convertirte en otra persona distinta a la que ya eres, no puedes modificar de forma radical tu identidad. Esto es todo. No hay nada mejor que esto. Ahora tu misión en la vida es hacer lo mejor que puedas con las cartas que te han tocado. ¡Y después morirte! Este taller está teniendo lugar en un centro budista, así que ¡tenemos que incorporar también la muerte! Ahora que me identifico con ese del espejo, cuando él muera, yo moriré con él. Y esto es todo. De acuerdo con el punto de vista de la sociedad cuando eso ocurra yo habré terminado por completo. Al final, todo a lo que tanto cariño tengo y que cuido con tanto esmero acabará convertido en polvo. Con este panorama, resulta muy comprensible que no pueda encontrar ningún significado o propósito en la vida y que me pregunté de qué trata, en qué consiste.

Cuarta etapa – El veedor

Sin embargo, lo cierto es que la tercera etapa del adulto no tiene por qué ser el fin de la historia. Potencialmente, puedes seguir avanzando hasta la cuarta etapa, la del «veedor» —la de ser una persona *y*, al mismo tiempo, darte cuenta también de ser el Uno que todo lo contiene—. Esto es crecer por completo, madurar totalmente. Uno no se ha desarrollado plenamente hasta haber despertado a la realidad de ser el Uno.

Disfrazado

Ahora eres consciente tanto de tu apariencia en tanto que persona como de tu Realidad. Eres el Uno, pero el Uno disfrazado. ¿Por qué te ríes, Graham?

Graham: ¡Porque es cierto!

Richard: Sí, eres el Uno disfrazado de Graham. Secretamente tú sabes perfectamente bien que eres el Uno, que no eres Graham sino ¡todos los demás! Pero aún así no dejas de responsabilizarte de

Graham y de actuar como si fueras Graham. Eres ambos. Lo que estamos haciendo ahora es compartir un secreto, porque desde fuera nadie puede ver tu Naturaleza sin cabeza. Es una experiencia privada, un secreto. Sin embargo, todo el mundo experimenta este Espacio claro y abierto en el que están. Así es que estamos compartiendo este secreto. Aunque yo me manifiesto como Richard y tú te manifiestas como Graham, ahora ambos somos conscientes de que somos Uno. Estamos compartiendo este secreto maravilloso.

Es como ser un rey disfrazado en tu propio reino. En la tercera fase, la del adulto, no tenías ni idea de que eras el rey, por lo que este territorio tampoco era tu reino ni todas esas personas tus súbditos. Pero ahora, aunque has despertado al hecho de que eres el rey o la reina, el Uno, aún sigues apareciendo también como una persona normal y corriente. Nadie más que tú puede ver que tú eres el Uno. Resulta divertido que la gente no sepa quién eres realmente. ¡Si no fuera porque sí que lo saben! En cierto sentido, lo saben y no lo saben. Pero aunque seas consciente de ser esta Capacidad, tu persona sigue funcionando, sigue estando ahí. Estás disfrazado. Eres el Uno disfrazado de persona.

Es contagioso

En la tercera etapa suscribimos totalmente la creencia: «Yo estoy en un cuerpo y tú también estás en un cuerpo», la cual resulta sumamente infecciosa. De forma no verbal te estoy transmitiendo: «Yo estoy contenido en un cuerpo, tú estás contenido en un cuerpo, estamos separados, estamos cara a cara». Sin embargo en la cuarta etapa eres consciente de no tener cabeza, de estar totalmente abierto, de que no estás metido en ningún cuerpo, en ninguna «caja». Y esta cuarta etapa es tan contagiosa como las demás. En el mismo momento en el que eres consciente de quién eres realmente comienzas a transmitir alto y claro tu Realidad sin cabeza a todos los que te rodean. En lo que respecta a comunicar esta Consciencia, no puedes fallar. Y al mismo tiempo sigues siendo consciente de que para los demás estás contenido en un cuerpo y sigues identificándote con él. Así es que es como si las dos cosas estuviesen teniendo lugar a la vez; eres consciente de que tienes una doble identidad. No se trata de regresar a la etapa en la que eras un bebé, sin cabeza pero sin ser consciente aún de ti mismo como entidad separada. Ahora eres consciente tanto de tu Realidad como de tu apariencia. Por una parte eres consciente de que tu «pequeño yo» está ahí fuera, en la «película», como uno de los personajes que en ella aparecen. Por otra, aquí está este Espacio Abierto en el que estás totalmente libre de ese «pequeño yo», pero aún sigues identificándote con tu propia apariencia. Estoy seguro de ello. Al menos, yo lo hago. Pero está bien, no hay problema en ello, es parte de la «película». Ahora estás difundiendo y trasmitiendo a los demás tus dos identidades: «Soy una persona, no soy tú, y tú eres una persona, no eres yo, pero, A LA VEZ, yo soy Espacio para ti y tú eres Espacio para mí».

La consciencia de uno mismo

Ahora estás viendo quién has sido siempre en realidad. Ahora descubres la enorme diferencia que este Ver supone en tu vida. Tomemos por ejemplo la sensación de sentirte observado por los demás, ese sentimiento de percibir que todos los ojos están puestos en ti, esa consciencia de ti mismo que te provoca timidez y vergüenza. Puede que estés siendo consciente de ese sentimiento ahora mismo, en este grupo. Cuando yo te miro, tú te sientes observado, inspeccionado. Tan solo tengo que mirar a uno de vosotros para comunicarle de forma no verbal el mensaje: «Te veo. Eres una persona». Lo que hago es reflejar vuestra propia apariencia sobre vosotros mismos. Por eso muchas veces no nos gusta que nos miren, porque nos sentimos como si nos estuviesen inspeccionando, nos hacen ser muy conscientes de nosotros mismos. Es como si nos solidificaran, como si nos convirtiesen en una cosa. ¿Conocéis el mito de Medusa, la diosa griega que en lugar de pelo tenía serpientes en la cabeza? No se podía mirarle a los ojos, porque si su mirada se cruzaba con la tuya te convertías en piedra. El héroe de esta historia era Perseo y su misión era matar a Medusa. Este mito tiene relación con lo que estamos tratando, porque en la tercera etapa, la del adulto, en la que aún no eres consciente de que no tienes cabeza, el hecho de que te miren a los ojos hace que te sientas observado, que seas consciente de ti mismo: esos ojos que te miran te convierten en una cosa del mismo modo que Medusa convertía a la gente en piedra. Una forma de expresar que te has convertido en piedra es decir que has sido «petrificado», y ese término también se usa para expresar que estamos aterrorizados por algo. Así es que los ojos de los demás tienen el poder de solidificarnos, de convertirnos en una cosa, de petrificarnos y hacer que tengamos miedo. Pero, ¿cómo consiguió Perseo matar a Medusa? No la miró directamente, pues sabía que sus ojos le matarían. Lo que hizo fue mirarla de forma indirecta viéndola reflejada en su escudo, el cual usó a modo de espejo. Y así, viendo su reflejo, le cortó la cabeza. Tu Verdadera Naturaleza es como ese escudo; esta Claridad es como un espejo —es totalmente clara y transparente, pero al mismo tiempo puedes ver en ella el mundo perfectamente reflejado—. Cuando miras a alguien y a la vez eres consciente de tu Naturaleza clara y transparente, sus ojos no te convierten en una cosa. Tú no eres Nada, eres una No-cosa. Incluso aunque puedas sentir cierta timidez, al mismo tiempo te das cuenta perfectamente de que eres transparente. No eres sólido. Ahí, justo donde tú te encuentras, no hay nada.

Ahora, siempre que el ser demasiado consciente de ti mismo te produzca ansiedad o sentimientos de timidez o vergüenza, puedes recurrir al remedio de ser consciente de este Espacio transparente. Esto puede serte de gran ayuda en esos momentos en los que te sientes tan observado, bajo inspección, cuando te quedas paralizado y sientes que no puedes ser tú mismo. Aplica este remedio. Y ten paciencia contigo mismo, pues desenredar y clarificar las cosas lleva su tiempo. Cuando Perseo mató a Medusa metió su cabeza en un saco y se la llevó al rey —a ese rey malvado que le había encargado la misión de matarla—. El rey miró dentro del saco para cerciorarse de que la cabeza de Medusa estaba ahí metida. Pero los ojos de Medusa aún conservaban su poder, por lo que el rey quedó convertido en piedra. Así es que con tan solo echar un vistazo a tu Verdadera Naturaleza no es suficiente —los ojos de los demás aún conservan parte de su poder—. Tienes que continuar regresando una y otra vez aquí, a quién eres realmente. Tienes que seguir comprobando que esos ojos no te petrifican.

Recordar

Ya sabemos dónde tenemos que buscar, hacia dónde mirar. El hecho de Ver nuestro Rostro Original no es lo difícil, lo complicado es recordarlo. Ahora, con estos experimentos, estamos trayendo esta Consciencia de vuelta al grupo. Os estáis dando cuenta de que podéis ver quién sois realmente con los demás. De hecho, lo mismo que antes hacía que me sintiera bajo vigilancia —los ojos de los demás— ahora puede recordarme justamente lo contrario. Son los demás los que nos colocan dentro de una «caja» —en la caja de nuestros cuerpos y nuestras mentes—. Ahora, podemos usar a esos mismos otros para que nos saquen de la «caja». Cuando estés con otras personas, coge el hábito de darte cuenta de que no tienes ojos ni cara —la situación es cara ahí a No-cara aquí—. De este modo los demás pasan a ser muy buenos indicadores de quién eres realmente.

Volver a casa

En la primera etapa del bebé soy Nada. No sé absolutamente nada sobre lo que es ser algo. En la segunda etapa del niño sigo siendo Nada, pero ahora ya estoy aprendiendo a ser algo, a ser alguien. En la tercera etapa del adulto ya he descubierto quién soy en la sociedad; podríamos decir que he construido mi casa, mi hogar, en mi apariencia. Y lo que estamos haciendo hoy aquí es volver a despertar —volver a ser conscientes— de nuestro estado carente de cabeza, de nuestro Verdadero Hogar. Precisamente debido al hecho de que nos hemos alejado de nuestro estado sin cabeza, de la Apertura que nos era propia cuando éramos bebés, regresar a ella ahora tiene un valor especial que no podría tener de otro modo.

Laura: Entonces, lo que estamos haciendo hoy en una hermosa iniciación de regreso a ese estado.

Richard: Sí, hoy estamos iniciando el camino de regreso a nuestra Verdadera Naturaleza. En Reino Unido hay un proverbio que dice «¿qué sabe de Inglaterra el que tan solo conoce Inglaterra?». Análogamente, podríamos decir «¿qué sabe de su Hogar el que únicamente conoce su Hogar?». Al haber estado alejado de ello, cuando regresas a lo que eres realmente puedes apreciar la Apertura que hay aquí de una forma nueva. Puedes apreciarla con ojos nuevos, con una mirada fresca y nueva.

Laura: Es como la parábola del hijo pródigo.

Richard: Sí. Esta idea se puede encontrar de formas diversas en las distintas tradiciones espirituales. El distanciamiento, el olvido, es necesario. De hecho, nuestras vidas conforman una historia maravillosa. Se nos ha dicho que el libro se acaba en el tercer capítulo, en la etapa del adulto, pero de pronto descubrimos que ¡hay otro capítulo más!: la cuarta etapa del veedor. ¡Todo un nuevo capítulo por descubrir! En el fondo es una genialidad que hayamos abandonado nuestro Verdadero Hogar, que cerrásemos la puerta de este jardín secreto, porque así ahora podemos volver a él nuevamente con una perspectiva totalmente nueva. Podemos regresar al Hogar que en realidad nunca jamás hemos abandonado.

Dos caras

Sarah: Como quien soy realmente estoy totalmente abierta. Pero, si aceptase eso sin reservas, ¿no me olvidaría de mi yo público, de mi identidad social?

Richard: No creo que eso pudiese suceder, porque nuestra identificación con el hecho de ser una persona es muy profunda. Nunca olvidarás completamente quién eres como persona. Nunca llegarás a perderlo totalmente.

Sarah: Es como si tuviésemos dos identidades.

Richard: Sí. ¿El hecho de ser consciente de ser una persona, de ser Sarah, supone un obstáculo para ver que no tienes cabeza?

Sarah: No sé. Tendría que comprobarlo.
Richard: Muy bien, compruébalo ahora. No esperes. No lo dejes para más tarde.
Sarah: Sí, sí. Ya lo estoy haciendo.
Richard: ¿Puedes ver tu cabeza?
Sarah: No. No puedo. ¡Ah! ¡Lo acabo de entender! ¡Madre mía! ¡Lo he pillado!
Richard: Puedes sentirte profundamente identificada con Sarah, pero al mismo tiempo no puedes ver tu propia cabeza. La identificación con Sarah no se interpone ni supone ningún obstáculo a la hora de ver quién eres realmente. De hecho, la identificación con ser una persona no hace más que poner de relieve quién eres de verdad. La identificación con tu propia imagen es una etapa hermosa y necesaria de tu desarrollo en la Consciencia. Lo que hacemos aquí no tiene nada que ver con regresar al estado del bebé inconsciente.

Ahora eres a la vez el «pequeño yo» y el «Gran Yo». Eres ambos simultáneamente. Esto es estar en casa, regresar al Hogar, ser quién eres realmente incluso con todos tus defectos e imperfecciones. En casa, tal y como soy. Como en la letra de la canción *Amazing Grace*: «tal y como soy, un pobre desgraciado...», algo de ese estilo. Puedo ver quién soy realmente en mi estado actual, tal y como soy ahora, aunque sea un pobre desgraciado. La experiencia de la que hablo consiste simplemente en que te des cuenta de que no puedes ver tu propia cabeza. No es algo en lo que tengas que pensar, sino algo que sencillamente has de ver. Tan solo mira, observa. ¿Puedes ver tu cabeza ahora mismo?

Sin miedo a la nada

Se trata de experimentar directamente lo que somos realmente. Es algo fiable, algo que se puede comprobar. Y sin duda es algo que cambia las reglas del juego, que nos cambia la vida. Cuando eras un adolescente, cuando te estabas desarrollando y buscabas tu propia identidad, lo que querías era ser alguien —lo último que deseabas era no ser nadie, ser una no-entidad—. Ahora, en la cuarta etapa de la vida, la etapa del veedor, volvemos a descubrir lo que es una no-entidad en realidad. Nos damos cuenta de que la Nada que hay en nuestro Centro no está simplemente vacía, sino que está absolutamente llena con todo lo que en ella aparece. Es el Ser. No es esta cosa terrible que nos daba tanto miedo, acechando en algún lugar de nuestro interior y lista para engullirnos en cualquier momento. La pérdida, la no-entidad, la nada, la desaparición, la no pertenencia; todas estas cosas nos parecen muy distintas cuando vemos quién somos realmente. Ahora podemos permanecer en este Centro en el que no hay ninguna necesidad de ser algo en concreto, ni de saber nada, ese lugar en el que en realidad sabemos que no podemos saber nada y en el que, a pesar de ello, sabemos que estamos perfectamente bien. YO SOY —mi Ser es—. YO SOY —y estoy vacío y lleno por igual—.

Un viaje fascinante

Nuestra vida es un viaje fascinante. Al principio, comenzaste tu vida como el Uno y no eras consciente de la existencia de los demás —eras un bebé sin cabeza—. En la edad adulta ya has aprendido a ser consciente de los demás, de los muchos, y también a descartar como falsa la realidad del Uno. Tuviste que pasar por ese proceso para poder desarrollar una profunda consciencia del «yo» y de «los demás». Los otros ya no son simples «imágenes que aparecen en la Consciencia»; ahora aceptas que son reales. Aunque no puedes probar con total seguridad la realidad de los otros, has desarrollado una convicción profunda de su existencia —realmente crees que hay otras personas en esta sala, con sus propios pensamientos y sentimientos, incluso aunque no puedas experimentarlos directamente—. Actúas con cada fibra de tu ser como si tanto tú como los demás —como individuos separados— fueseis reales. Ahora, al despertar a tu experiencia privada de ser el Uno, sigues teniendo estos sentimientos por los demás, sigues estando convencido de la realidad de nuestra identidad pública. Lejos de tener que librarte de estos sentimientos, esta sensación de la realidad del «yo» y de los «otros» significa que tú en tanto que Uno sientes de forma auténtica y genuina que estás hablando con otros —ya no eres el único que hay—. Ahora hay «otros» con los que poder hablar de este tipo de temas, ¡incluido el hecho de que los dos sois el Uno! ¿No es absolutamente fascinante? Hoy estamos aquí juntos hablando de todo esto y podemos darnos cuenta de que nuestras muchas voces proceden todas de un único Orador, que todas están apareciendo en la misma Consciencia. Ahora soy consciente de que yo soy el Uno y de que vosotros también sois el Uno, y disfruto hablando con vosotros sobre ello —hablando con vosotros, que sois a la vez yo mismo y distintos de mí mismo—.

Capítulo 13

El círculo sin cabeza

Poneos de pie formando un círculo. Cada uno de vosotros, poned los brazos alrededor de vuestros compañeros y mirad hacia abajo, hacia vuestro propio cuerpo.

Puedes ver tus pies, tus piernas y tu torso. Más allá de eso desapareces por encima de tu pecho en este Espacio Abierto desde el que estás mirando —tu Ojo Único—.

Puedes darte cuenta claramente de que estás conformado por dos aspectos diferentes: por una parte, ahí abajo está tu cuerpo y, por otra, aquí hay una Consciencia clara e ilimitada que está mirando hacia abajo, hacia tu cuerpo. Sin embargo, estos dos aspectos de tu ser no están separados. Tu cuerpo no está separado de esta Consciencia.

Ahora mira hacia abajo de nuevo, esta vez hacia el centro del círculo. Puedes ver claramente el círculo de pies, el círculo de cuerpos. Todos estos cuerpos se desvanecen al nivel del pecho o de la cintura. Todos desaparecen en el mismo Espacio que está situado aquí arriba y en el que también desaparece tu propio cuerpo. ¿Es eso cierto en tu propia experiencia? ¿Surgen todos estos cuerpos del mismo Espacio desde el cual está surgiendo el tuyo?

¡Es como si te acabaran de salir cuerpos por todas partes! Ahí abajo somos muchos, somos diferentes, pero aquí arriba somos Uno y el mismo. No hay ninguna línea divisoria en este Espacio que hay arriba. No podemos dividirlo en partes. Ahora, todos los cuerpos son tuyos; todos están surgiendo de esta Consciencia. No eres parte de esta Consciencia; eres su totalidad. Es indivisible.

Se trata primordialmente de verlo, de experimentarlo, no de pensar en ello. No es necesario que lo comprendas de una forma determinada. Si sientes que mis palabras no te encajan o no son relevantes para ti puedes usar las tuyas propias, o no usar palabras en absoluto.

Tampoco se trata de un sentimiento. Es algo neutral. No tienes por qué sentirlo de la misma manera que los demás. No existe una respuesta correcta o incorrecta a esta experiencia. No tienes que estar psicológicamente preparado para poder entenderlo —en todo caso, lo único necesario sería que dejes de prepararte en absoluto—.

Todos los cuerpos que ves están emergiendo de esta única Claridad. Ahí abajo somos muchos, somos distintos, somos diferentes, pero aquí arriba somos Uno, somos lo mismo. Aquí arriba no hay ninguna línea divisoria, no hay ningún nombre, ninguna etiqueta sobreimpuesta en esta Consciencia, ninguna nacionalidad, ninguna edad. Esto es totalmente visible, obvio, saludable.

Muy bien. Ya podemos sentarnos.

¿No os ha parecido increíble? ¡Qué forma tan fantástica de apreciar los Muchos y el Uno! Y aunque ahora has vuelto a tu silla y puedes ver la cara de todos los demás, sigue habiendo una única Consciencia que lo contiene todo y a todos. Esta Consciencia valida la multiplicidad y la diferencia. Ahí, en el grupo, la separación no es solo normal sino que también es saludable, pero aquí, en el Espacio lo normal y lo saludable es la unidad. No estamos tratando de imponer la unidad allí donde no pertenece realmente. Esta Consciencia nos libera para poder ser diferentes, nos permite ser los individuos que somos.

Andrew: De hecho, no se trata del Uno *o* los Muchos, sino del Uno y los Muchos.

Richard: Sí. Ahora percibes claramente esta Consciencia que pertenece a todo el mundo. Incluso cualquier persona que no esté ahora aquí presente, en este grupo, sigue siendo esta Unidad en su nivel esencial. Ese niño que oímos jugar ahí fuera, alguien que esté ahora mismo en la otra punta del planeta, alguien que haya vivido hace mil años... Da igual. Este Espacio no excluye absolutamente a nadie. Tú incluyes a todos y a todo lo que existe.

Estás viendo este Espacio por todos los demás, ¿no crees? Incluyes a todos, pues tan solo existe Uno.

Capítulo 14
El sol de mi alma

Este experimento aborda el misterio de los Muchos y el Uno desde un ángulo ligeramente distinto. Se llama «el sol de mi alma». Para empezar, vamos a hacer otra vez el círculo sin cabeza.

Poneos de pie formando un círculo y poned los brazos alrededor de vuestros compañeros.

Mira hacia abajo. Sé consciente de tus piernas y de tu torso, y de cómo tu cuerpo se desvanece en tu Ojo Único. Tu cuerpo está emergiendo de este Uno. Ahora mira al suelo, y sé consciente del círculo formado por los pies y del formado por los cuerpos; todos ellos se desvanecen a nivel de la cintura o del pecho en el Uno que está situado arriba del todo. Ahí abajo somos Muchos, aquí arriba somos Uno.

Ahora deja caer tus brazos a ambos lados de tu cuerpo y date la vuelta de forma que aún estés en el círculo pero ahora mires igualmente desde el centro pero hacia fuera. Ya estamos preparados para realizar el experimento del «sol de mi alma».

Para comenzar vais a extender los brazos hacia delante. Primero os voy a ir guiando por el experimento rápidamente. Después bajaréis los brazos para que no se os cansen demasiado y volveré a guiaros pero más lentamente, de forma que podamos ir viendo cada detalle de forma relajada y sin prisas.

Abre los brazos y ponlos en forma de «V» de forma que abarques con ellos lo que ves, tu visión externa. Entre tus brazos puedes ver tu visión del mundo, tu propia y única visión externa. Deja que tus brazos se solapen por encima o por debajo de los de los compañeros que tienes a tu lado.

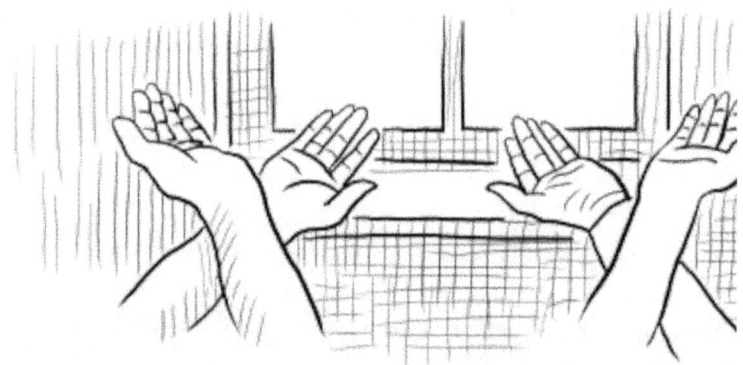

Esto nos indica que lo que tus vecinos están viendo se solapa con lo que tú ves —puede que la misma ventana, la misma silla, etc.—. También puedes apreciar que tus brazos salen de tu Ojo Único, brotan del Espacio en el que estás. Al mismo tiempo puedes ver los brazos de tus vecinos a ambos lados de tu propia Visión y también se extienden a partir de tu Ojo, también emergen de tu

Consciencia. Ahora baja los brazos. Vamos a volver a examinar todo esto más detenidamente.

Tu visión externa —lo que ves— es tuya y solo tuya. Tan solo tú experimentas tu propia Visión. Únicamente tú puedes experimentar y conocer tus propios pensamientos y sentimientos, solo tú puedes experimentar tu vida. Cuando hablas con los demás, ellos te cuentan cómo son sus propias visiones externas, por lo que las conoces de oídas. Comprendes que sus propias visiones externas se solapan con la tuya del mismo modo que sus brazos se solapan con los tuyos —podéis ver la misma ventana o la misma silla; de hecho, estáis experimentando el mismo taller—. Si no hubiese ningún tipo de solapamiento no tendrías nada en común con los demás, no podríais hablar ni comunicar nada que fuese común. Sin embargo, tú nunca experimentas sus visiones, sino que tan solo las conoces de oídas, de segunda mano. Aceptas que los demás también tienen una visión externa, pero no es más que algo de lo que escuchas hablar. Así es que dispones tan solo de tu propia visión externa, de tu experiencia de tu propia vida, pero cuando hablas con los demás descubres también cómo son las suyas propias y cómo se solapan con la tuya.

Ahora date cuenta de que estás viendo desde tu Ojo Único, desde el Uno. Puedes ver que aquel que es consciente de tu Visión, de tu experiencia, de tu vida, es el Uno —no es sino el Uno el que ahora mismo está viendo, oyendo, pensando—. Es el Uno el que está viviendo realmente tu vida. Tu vida emerge en el seno de este Uno.

Y cuando hablas con los demás, te cuentan que ellos también están viendo el mundo desde el mismo Espacio, desde el Uno. Sus vidas también están surgiendo en el seno de este Uno, fluyendo a partir del Uno. Sus descripciones de este Uno encajan perfectamente con tu propia experiencia —es ilimitado, atemporal, sin nombre...—. Pero no obstante, cada persona tiene una visión única y diferente emergiendo del Uno —la vida única de cada persona, al igual que la tuya, fluye desde el Uno—.

Experimentas directamente tu propia visión externa desde el Uno y escuchas a los demás hablar de sus otras visiones externas que también surgen de este Uno; muchas visiones emergiendo desde una Única Consciencia. Esta es una manera de reflexionar sobre el misterio de los Muchos y el Uno. No explica el misterio, sino que más bien dibuja un panorama basado en él.

Ahora ya os podéis sentar.

Puedes ver que tu vida se despliega dentro del Uno. Ahora además comprendes que la vida de todos los demás también se está desplegando igualmente en el seno del mismo Uno. Jesús decía que había «muchas habitaciones en la casa del Señor». Mi visión externa no es más que una entre las muchas visiones que surgen de la Consciencia —es una de las muchas «habitaciones» de la casa del Señor—. Experimento cómo mi vida se despliega en el seno de Dios mismo. Y después también escucho cómo los demás me cuentan cosas de sus vidas, las cuales se despliegan igualmente en el seno de Dios —son otras habitaciones de la misma casa—; muchas habitaciones en la casa del Señor.

William: Creo que ese ejercicio es muy potente, porque si tan solo existiese nuestra propia visión resultaría tremendamente claustrofóbica y nos aislaría totalmente. Pero ¡nuestra visión está dentro del contexto de las demás!

Richard: Sí, ¡es algo muy hermoso! Mi visión externa se solapa con lo que tú me cuentas de la tuya propia. Puedo ver el dibujo de la alfombra. Si te preguntase si tú también lo ves me contestarías que sí. Bien, yo te creo y confío en que puedes verlo. No puedo tener tu experiencia, tan solo te escucho decir que confirmas que la ves. Pero yo respondo realmente como si efectivamente la estás viendo. En ese sentido, nuestras visiones se están solapando. Vemos el dibujo de la alfombra desde ángulos diferentes, ¡y eso es lo que lo hace interesante! Además de eso, ambos estamos mirando desde la Nada, así es que tanto mi visión como lo que te oigo decir sobre la tuya están ocurriendo en el seno del Uno. El hecho de que los dos veamos la alfombra hace que la comunicación sea posible. Y, no obstante, este solapamiento resulta algo fortuito y aleatorio, porque, ¿cómo puedo saber que lo que para mí es rojo no es azul para ti?

Nunca podemos estar seguros del todo de que estamos viendo lo mismo, porque lo que ven los demás tan solo lo conocemos de oídas. Sin embargo, lo aceptamos, lo asumimos, y parece que funciona. Ahora pongamos la atención en el lugar mismo desde el que estamos viendo. Eso no puedes verlo de forma diferente a como lo veo yo. No puedes verlo un poco más claro ni un poco menos claro. No es ni azul ni rojo, ¿verdad? No tiene forma alguna, así que no puedes confundirte en cuanto a la forma que tiene. Tampoco tiene ninguna edad. Aquí sí que es posible una comunicación perfecta, ¿no crees? Esto sí que nos une verdaderamente. Tener únicamente la visión externa significa estar separados, sin importar lo mucho que pensemos en los demás o que intentemos comprenderles. Estamos en cuerpos diferentes, pero ahora, cuando despertamos a quién somos realmente, eso sí que es verdadera unión, ¿verdad? Sí. Es unión total. Y, al mismo tiempo, seguimos disponiendo de este precioso sentido de la diferencia, de la otredad.

Capítulo 15

Movimiento

Este experimento tiene que ver con el movimiento. Tenéis que dar diez vueltas corriendo al edificio... Estoy bromeando.

Lo que tienes que hacer es ponerte de pie, apuntar a tu No-cara y girar lentamente en el sitio, fijándote en si eres tú mismo el que se mueve o si, por el contrario, es la habitación la que lo hace. ¡No es demasiado ejercicio que digamos! Ponte de pie. Asegúrate de que tienes un cierto espacio a tu alrededor para no chocarte con los demás cuando comiences a girar. Ahora, apunta hacia tu No-cara, mira hacia el dedo y comienza a girar lentamente. Por supuesto, si sientes que te mareas, para.

¿Puedes ver cómo las paredes y todo lo que hay en la sala va pasando por delante de tu dedo? ¿Es así para ti también, en tu propia experiencia?

Sin embargo, el lugar hacia el cual estás señalando con el dedo no se mueve, ¿verdad? Esta es la diferencia que hay entre lo externo y lo interno. Visto desde fuera, eres tú el que está girando, mientras que la sala permanece quieta, pero desde tu propio punto de vista es la sala la que se mueve mientras que tú permaneces completamente Quieto. ¿A que es muy divertido? Y es tan sencillo. Compartir esto resulta tan fácil.

Puedes darte cuenta de esto —de tu Quietud central— cuando estés caminando por la calle o conduciendo. No se trata de pensar: «Yo estoy quieto y el mundo se mueve». El pensamiento no tiene nada que ver con esto. Se trata más bien de experimentarlo, de verlo por ti mismo. De modo que, mientras conduces, puedes estar pensando qué salida tienes que tomar y al mismo tiempo puedes tener la experiencia no verbal de que en realidad es la carretera la que fluye hacia ti. Para darte cuenta de esto no tienes que manipular tus pensamientos ni tus sentimientos en modo alguno.

También podemos darnos cuenta de otro aspecto que concierne al movimiento. ¿Recuerdas lo que dijimos sobre el tamaño? Podemos comparar una cosa con otra —al poder compararlas podemos determinar si una es más grande, más pequeña o del mismo tamaño que la otra—. Después considerábamos la Visión Completa y nos dábamos cuenta de que no había ningún otro Ojo Único ni a izquierda ni a derecha con el que poder comparar el tuyo —tan solo hay un Ojo Único, de manera que no podemos establecer su tamaño—. Es el único que hay. También hemos comentado que podemos mirar a cualquier otra persona del grupo y ver claramente que tiene un contorno a su alrededor; siempre hay alguna otra cosa alrededor de ella, hay un fondo con el que poder compararla. Después ponías la atención en tu Visión Completa, en tu Ojo Único y te dabas cuenta de que no había absolutamente nada a su alrededor, de que no estaba contenido dentro de un fondo mayor. ¿Cierto?

Pues bien, el movimiento también es relativo en el sentido de que si, por ejemplo, yo muevo la mano, los demás podéis apreciar claramente que se está moviendo porque veis que se está desplazando con respecto al fondo. Si la pared se estuviese moviendo a la vez que mi mano y con la misma dirección y velocidad, entonces mi mano estaría quieta en relación a ella. Si te balanceas ligeramente de izquierda a derecha puedes ver claramente como hay cosas que están en primer plano que se mueven con respecto a lo que tienen detrás, es decir, con respecto al fondo, a lo que está en segundo plano. Por lo tanto, el movimiento es relativo. Bien. Ahora pon la atención en la totalidad de lo que ves, en tu Visión Completa. ¿Puedes moverla de algún modo hacia izquierda o derecha?

Angela: No hay ninguna izquierda o derecha.

Richard: No hay ninguna izquierda o derecha, ¡luego no puedes moverla! Ahora voy a invitaros a caminar por la sala para que os deis cuenta de que las cosas se mueven, se desplazan, en el seno de esta Visión, pero no podéis mover de ningún modo vuestra Visión Completa. Intenta hacerlo, intenta mover tu Visión Completa. No hay absolutamente ningún fondo, ningún segundo plano con respecto al cual puedas apreciar que se mueva. Resulta muy divertido. Todo lo que está contenido en esta Visión no para de moverse, pero la Visión Completa está flotando en la Nada, en la Quietud.

Muy bien, ya podéis sentaros.

De lo que estamos hablando aquí es de una experiencia concreta, no de algo así como una idea abstracta. Da igual lo mucho que te muevas, nunca jamás vas a conseguir mover la Visión, el Ojo Único.

Brian: ¿Te refieres a la pantalla, a la pantalla de la película?

Richard: A la totalidad, sí. Todo, incluyendo mi cuerpo, mis sensaciones, todo lo que aparece dentro de mi Visión está constantemente moviéndose, desplazándose, cambiando, pero, en cambio, no hay lugar alguno al que se pudiese desplazar la Visión Completa.

Esta es otra manera de expresar la misma idea: tú no viniste al taller, sino que el taller vino a ti. Tú nunca vas a ninguna parte. ¡En toda tu vida no te has movido ni un milímetro! Siempre estás en casa, ¡es el decorado el que no para de cambiar!

Roger: Conduzco un autobús escolar. Es algo nuevo para mí. Cuando empecé no estaba acostumbrado a conducir un autobús tan grande y estaba en tensión. Sentía como que estaba tratando de llegar a mi destino rápidamente. Pero en cuanto actué desde el Espacio que soy me di cuenta de que en realidad todo se estaba moviendo a través de mí, con lo cual me relajé. Todo mi cuerpo se relajó. Ahora conducía sin esfuerzo. Me parecía tan simple comparándolo con cómo lo hacía antes, con como me tensaba.

Carol: Para mí, en un día normal, cuando estoy conduciendo o en el trabajo, siempre soy yo la que se está moviendo hacia delante, lo cual resulta muy estresante. Esta práctica hace que en cierto sentido abandone el asiento del conductor, situándome más en segundo plano. De este modo es como si recibiera la escena, el paisaje que haya ante mí, en lugar de ser yo la que se abre camino destrozándolo todo a su paso. Es una perspectiva completamente diferente, mucho menos estresante, menos impulsiva. Hace que abandone la actitud de «sal de mi camino» y me vuelva una persona mucho más receptiva. Es un poco así, como si lo estuviese recibiendo todo.

Roger: Me gusta la expresión «regresar al Hogar». Da la sensación de que ya estás en casa, en tu Hogar, sin importar el lugar en el que te encuentres. Es algo que proporciona una sensación de estabilidad y de empoderamiento, en lugar de estar siempre yendo de acá para allá. Pareciera como que estamos siempre corriendo, que nos pasamos la mayor parte de la vida intentando encontrar algún tipo de seguridad. Yo era así, siempre estaba corriendo sin parar. Si me iba de vacaciones, tan pronto como llegaba ya sentía que tenía que volver a casa. Estuviese donde estuviese me sentía triste y deprimido.

Richard: Pero ahora, cuando vas conduciendo el autobús escolar ¡estás en tu Hogar y todo el autobús está dentro de ti!

Os mostraré otro experimento relacionado con el movimiento. Ponte de pie y extiende las manos hacia el frente. Puedes ver cómo tus brazos emergen de tu Ojo Único. Están ahí, flotando, extendiéndose desde este Espacio. Mueve las manos un poco, como si estuviesen bailando juntas. Puesto que tus brazos surgen de este Espacio, podrías decir que es el Espacio el que está moviendo tus brazos y tus manos. No sabes qué es lo que van a hacer en el instante siguiente. Ahí están, bailando.

Ahora poneros uno al lado del otro en parejas. Pasa el brazo interno por el hombro o la cadera de la otra persona para que podáis estar cerca y mirar juntos en la misma dirección. Extiende el otro brazo, el externo, frente a ti, de manera que tu mano quede cerca de la de tu compañero. Ahora ves como tu brazo emerge de tu Ojo Único, pero si miras hacia delante también puedes ver cómo el brazo de tu compañero surge igualmente del mismo Ojo Único, de la misma Consciencia. Ahora moved las manos igual que antes, como si estuviesen bailando juntas. ¡Te ha salido un brazo nuevo! ¿No es extraño? Puedes apreciar que no estás más contenido en un brazo que en el otro, que uno de ellos no es más tuyo que el otro; los dos están en ti. ¡Estás haciendo bailar por igual a esas dos manos!

Ahora cambiad de pareja y poneos con alguna otra persona. ¡Te ha crecido un brazo diferente!

Bien, podemos volver a sentarnos.

Capítulo 16

Distancia

Richard: Ya tenéis la experiencia. Lo que estamos haciendo es explorarla de formas diversas, jugar con ella desde enfoques diferentes. Este experimento os va a dejar atónitos. ¡Es tan ridículamente simple! Esta vez usaremos la cartulina como si fuese una regla para medir la distancia que hay entre dos cosas. Escoge un par de cabezas de entre todas las que ves en el grupo. Coloca uno de los extremos de la cartulina en una de ellas y mira a qué distancia a lo largo del borde de la misma —a lo largo de la «regla»— está la otra. Para mí, si mido desde la cabeza de Paul, la de Simon está en la mitad de la regla, pero George está justo en el otro extremo —la distancia entre ambos abarca todo el borde de la cartulina—. Creo que ya captáis la idea. Con cualquier cosa que elijas de todas las que aparecen dentro de tu Visión, puedes medir la distancia a la que se encuentra respecto de cualquier otra.

Ahora mide la distancia que hay desde ti mismo hasta cualquiera de esas cabezas. Tienes que girar la regla 90 grados para poder situar uno de sus bordes en la cabeza y el otro en el lugar desde el que estás viendo. ¿Qué le ocurre a la regla? ¡Que se contrae en un solo punto! ¡No hay ninguna distancia!

Le ocurre lo mismo a la Visión Completa, ¡no está a ninguna distancia de «ti mismo»! Si dijeses que lo que ves, tu Visión, está «ahí fuera», podrías preguntarte «¿fuera de qué?».

George: ¿En relación a qué?

Richard: Más allá de la Visión —del Espacio en su totalidad— no hay absolutamente ningún punto de referencia.

Kevin: En esta dirección —hacia el interior— hay algo inconmensurable que proyecta la totalidad de lo que vemos ahí fuera. Desde aquí surge la Visión única que está ahí fuera. Aunque expresarlo así es en cierto sentido conferirle un lugar, una localización.

Richard: Sí, es una paradoja. Es muy extraño. Esto no se puede definir con palabras. No está a ninguna distancia pero, sin embargo, parece como que está ahí, cuando en realidad está aquí.

Kevin: Está aquí y allí.

Richard: ¡Jugamos en todas las posiciones a la vez!

Laura: En ese sentido, no parece que la experiencia inmediata tenga ninguna profundidad. Es como la pantalla de la película y las imágenes que en ella aparecen. Da la sensación de que las imágenes tienen una cierta profundidad, pero en la experiencia real no parece que tengan ninguna en absoluto.

Richard: Sí, creo que podemos aceptar más que una descripción respecto a esto.

Laura: Sí, pero me refiero a que no siento que mis sentimientos estén ahí. Siento como que todo lo que conozco ocurre exactamente aquí.

Richard: Sí, sé a lo que te refieres. Creo que en cierto modo es algo bastante extraño. No podemos concretarlo ni identificarlo con exactitud. Es muy extraño.

Capítulo 17
El experimento inclasificable

Para este experimento tengo que poneros unas pequeñas pegatinas redondas de diversos colores en la frente. Pero, antes de continuar, es importante que tengáis en cuenta varias reglas. En primer lugar, no os está permitido hablar durante todo el tiempo que dure el experimento. Pongamos por caso que hay algo que no habéis comprendido bien sobre este «juego», ¡pues no podéis preguntar! No podéis hablar hasta que terminemos. No hablar es algo que no resulta fácil de hacer, ni tan siquiera para los meditadores experimentados, ¡y estoy completamente seguro de que todos vosotros lo sois! No hablar significa que no podéis preguntar nada. Tendréis que ser capaces de tolerar una cierta confusión o frustración durante los tres minutos, más o menos, que dura este experimento.

Cuando os ponga la pegatina de color en la frente tenéis que cerrar los ojos. No podéis ver el color de la pegatina que os ponga. Y después, cuando abráis los ojos, no podéis miraros en un espejo ni en ninguna otra superficie reflectante, ni tampoco podéis tocar la pegatina. Después, cuando todos tengamos un punto en la frente, explicaré de qué trata el juego. Cerrad los ojos. Voy a ir pasando poniéndoos una pegatina en la frente a cada uno.

Primera parte

Ya podéis abrir los ojos. En esta parte de la habitación está la zona amarilla, en esta otra la plateada, aquí la marrón y allá la roja. Ahora poneos de pie. Voy a contar hasta cinco. El juego es el siguiente: cuando termine de contar todos los que tengan un punto amarillo en la frente tienen que estar en la zona amarilla, todos los que tengan un punto plateado en la zona plateada, los que tengan un punto marrón en la zona marrón y los que tengan un punto rojo en la zona roja. Voy a contar hasta cinco. Uno, dos... Tenéis que moveros... Tres, cuatro... ¡Venga! ¡Vamos! ¡Tenéis que moveros! [La gente se mueve]. Y cinco.

Ahora prestad atención a las reacciones que habéis tenido. Tendremos tiempo de sobra para compartir nuestras impresiones y sentimientos una vez que hayamos finalizado el experimento.

Segunda parte

Si estás seguro al cien por cien de que estás situado en la zona correcta según el color que tienes en la frente, quédate ahí. Pero si tienes la más mínima duda da un paso y sitúate en el centro de la sala. En este juego, si estás situado en la zona del color que no te corresponde, por decirlo de alguna manera lo pierdes todo —¡pierdes todo tu dinero!—. Pero si admites que no estás seguro y te colocas en el centro, entonces no pierdes nada. [Algunas personas se sitúan en el centro, otras se quedan donde están].

Algunos de vosotros os habéis quedado en la zona en la que estáis, por lo tanto debéis de estar seguros al cien por cien de que estáis en la zona correcta. Sed conscientes de a qué se debe que estéis seguros al cien por cien. E igualmente, todos los que os habéis puesto en el centro, sed conscientes de por qué no estáis seguros.

Bien. Esta es la zona roja. Todos los que no os habéis situado en esta zona, por favor mirad a los que se han puesto en ella. Pulgares arriba si todas estas personas están en la zona correcta, pero si hay al menos uno que esté en la zona equivocada, entonces, pulgares abajo. Muy bien, chicos, sed conscientes de vuestra reacción. ¡Pulgares abajo! ¡Al menos uno de vosotros no es rojo! ¡No perdáis de vista vuestras reacciones, porque os están diciendo que alguien está mal colocado!

Bien. Ahí tenemos la zona de los marrones. Por favor, acercaos y mirad a todos los que se han colocado aquí. Si las tres personas de este grupo son marrones, pulgares arriba, pero si al menos una de ellas no es marrón, pulgares abajo. ¿Qué es lo que tenéis que hacer? ¿Pulgares arriba o abajo? No lo tenéis nada claro. Hay mensajes ambiguos. ¡Algunos habéis puesto el pulgar hacia arriba y otros hacia abajo! ¿Tenéis dudas de si alguno de ellos es marrón o no? Vosotros, los que estáis en el grupo marrón, sed conscientes de cómo os hace sentir esta información que os está llegando de los demás, estos mensajes contradictorios.

Vayamos ahora a la zona amarilla. Aquí hay tres personas. Si estáis seguros al cien por cien de que sois amarillos, quedaos aquí. Si tenéis alguna duda, poneos en el centro. Ninguno de vosotros se mueve del sitio... Muy bien, si vemos que alguno de vosotros está mal colocado, pulgares abajo. Sí, ¡pulgares abajo! Ahora dos de vosotros os estáis colocando en el centro de la sala, ¡esto demuestra el poder que puede tener la presión del grupo! [¡La persona que permanece en la zona amarilla es la única que está mal colocada!]

Cuando digo estar seguro me refiero a estar absolutamente seguro, al cien por cien, no al noventa y nueve por ciento. Si tenéis alguna duda, por pequeña que sea, poneos en el centro de la sala. [Algunos se quedan donde están y otros se mueven hacia el centro].

Tercera parte

Ahora vamos a pasar a la última parte del experimento. Existe una forma de averiguar en qué grupo deberíais estar según el color de la pegatina que tenéis pegada en la frente. Si podéis averiguar cuál es vuestro color sin hablar, sin miraros en un espejo y sin tocar la pegatina, hacedlo ahora. [Algunas personas llevan a otras hacia las distintas zonas correspondientes a los distintos colores].

Bien, nuevamente, si ahora ya estáis seguros al cien por cien de que estáis en la zona correcta, quedaos ahí, pero si tenéis la más mínima duda, poneos en el centro. [Algunos se mueven, otros no].

Muy bien. El experimento ha concluido. Ya podemos sentarnos y hablar.

¿Cuáles han sido vuestras reacciones? ¿Algún pensamiento o idea que queráis compartir al respecto?

Confiar en los demás

Mark: He tenido que fiarme de los demás para saber qué color tenía.

Jennifer: Yo esperaba que alguien me dijese con la mirada: «Tienes que ponerte ahí. Ahora ya estás en el lugar correcto». Cuando lo han hecho, he tenido que confiar completamente en su propio punto de vista.

Richard: Dependías de la información que ellos te proporcionaban sobre ti misma.

Jennifer: Sí.

Angela: Yo estaba segura al cien por cien de que era marrón, porque estaba con mi madre y me fío de ella.

Richard: ¡No puedo rebatir ese argumento! Confiaste en tu madre. Sí, es lo que hacemos normalmente, confiamos en nuestras madres.

Angela: Pero incluso aunque no hubiese sido mi madre, habría tenido fe en cualquier otra persona que me hubiese indicado que era marrón, hubiese confiado en que no estarían mintiéndome o intentando engañarme.

Confusión

Nigel: Al principio, cuando nos dijiste que teníamos que dirigirnos a una de las áreas, tuve una intuición respecto a mi color. La segunda vez, cuando dijiste que intentásemos encontrar el modo de saber a dónde dirigirnos, alguien tiró de mí y me puso en la zona del color marrón. Pero entonces, una vez allí, la gente me miraba como si estuviese en la zona equivocada.

Richard: Tiene que haberte resultado muy confuso.

Nigel: ¡He tenido una crisis de identidad!

Richard: Es una experiencia poderosa, ¿verdad? Estabas confundido porque estabas recibiendo información contradictoria sobre ti mismo.

Nigel: Sí.

No confiar en los demás

Peter: Yo estaba totalmente convencido de que nunca iba a ser capaz de saber qué color tenía a menos que lo viese por mí mismo, pues, hasta donde yo sé, bien pudiera ser que todos los demás os hubieseis puesto de acuerdo, que estuvieseis compinchados para colocarme en la zona equivocada. Así es que, ¿por qué motivo tendría que fiarme de nadie? ¡Ni siquiera de mi propia madre, si estuviese aquí! Bien pudiera ser que ella también fuese parte del juego.

Sarah: Yo estaba bastante segura porque me hacían gestos e indicaciones respecto a dónde debía ponerme. Pero cuando nos preguntaste si estábamos lo suficientemente seguros como para arriesgarlo todo me di cuenta de que yo no lo estaba, porque sencillamente no hay forma posible de estar seguro. No hay absolutamente ninguna manera de estar completamente seguro.

Richard: Esto no quiere decir que no se pueda confiar en la gente al noventa y nueve por ciento, pero yo os estaba diciendo al cien por cien.

Sarah: Algunas personas son daltónicas, así que podríamos habernos fiado de alguien daltónico que ni siquiera sepa que lo es.

Richard: Es decir, que alguien podría haberse equivocado sin saberlo.

Aceptar el juego

Richard: Al principio del experimento dije: «Cuando termine de contar hasta cinco tenéis que estar colocados en la zona adecuada...». ¿Qué hubiese pasado si todos hubieseis decidido: «Bueno, no puedo ver mi propio color, así que no me voy a mover»?

Barbara: Que nos hubiésemos quedado aquí quietos.

James: No hubiese habido ningún juego.

Richard: Exacto, no habría juego. Si quieres participar en el juego tienes que imaginar el color que tienes o fiarte de alguna otra persona. Porque si no hay juego, entonces no hay diversión ni tampoco aprendizaje. Que no os movieseis hubiese sido algo completamente lógico y comprensible, porque no podíais ver vuestro propio color, pero entonces, el juego tampoco hubiese sido posible.

Carol: El hecho de que te dejásemos ponernos una pegatina en la frente era indicativo de que ya habíamos aceptado participar en el juego.

Richard: Sí. En ese momento ya estabais todos participando en el juego.

Eric: Cuando nos dijiste que teníamos que dirigirnos a la zona que nos correspondiera yo no me moví porque no tenía forma de saber cuál era la correcta. No tenía ninguna razón para moverme, ningún motivo para dirigirme a alguna zona.

Richard: Pero, ¿al final te moviste?

Eric: Bueno, di un pasito hacia la zona marrón.

Richard: ¿Por qué?

Eric: Porque tú nos habías pedido que nos colocásemos en alguna zona.

Richard: ¿Por qué hiciste lo que te pedí?

Eric: Porque estaba participando en el juego.

Richard: ¡Exacto! Si no hubieses aceptado participar no habría ningún juego.

Eric: Correcto.

Richard: Y sin juego no hay diversión ni aprendizaje. Imagínate que eres un niño pequeño y que tus padres te dicen: «John —o el nombre que tengas—, deja que veamos tu sonrisa». Imagina que pudieses responder con palabras. Les dirías: «No puedo estar seguro al cien por cien de ser John, así que no voy a responder». El resultado sería que no participarías en la interacción, no habría comunicación; no participarías en el juego de ser humano. Para participar en el juego de ser humano, en el juego de la vida, tenemos que confiar en los demás incluso a pesar de que no podamos estar seguros al cien por cien de lo que nos dicen. Tenemos que confiar en que hay alguien ahí, dentro de cada una de todas esas cabezas. Pero no tenemos absolutamente ninguna prueba de que haya alguien ahí realmente. Tú no puedes sentir los sentimientos que yo tengo, así es que, ¿puedes estar seguro al cien por cien de que yo tengo sentimientos? Creer es aprender a aceptar que estás metido dentro de ese cuerpo y que los otros están también metidos dentro de esos otros cuerpos. Aprendemos a confiar, a creer en el hecho de que tenemos una cara aquí, incluso a pesar del hecho de que aquí no la hemos visto nunca jamás. Esto es aprender a jugar al juego de la cara. «El juego de las pegatinas» no es más que una versión del juego de la cara. Yo aprendo a fiarme de los demás cuando me dicen que tengo una cara aquí. Lo aprendo de una forma tan profunda y tan total que incluso me olvido de que lo he aprendido. Acabo pensando que, sencillamente, es verdad: «Soy lo que parezco. ¡Por supuesto que sí!». Entonces, a partir de ese momento, todo lo que hago proviene de ese punto de vista. Actúo desde mi posicionamiento como ser separado de ti, como si estuviese realmente aquí, detrás de mi cara, y tú estuvieses detrás de la tuya. Yo estoy en este cuerpo y tú estás en ese otro. Si no acepto esto tampoco puedo formar parte del juego, no puedo participar como persona en una sociedad formada por otras personas reales.

Averiguar las normas

William: Lo cierto es que yo me he movido porque no sabía que otra cosa podía hacer. Me pareció lo correcto.

Richard: Sí, ¡todo el mundo hace eso!

William: No tuve tiempo para pararme a pensar detenidamente en ello.

Richard: No, no lo tuviste. Os presioné mucho y os metí prisa precisamente para eso, para que no tuvieseis tiempo. Os dije: «¡Venga, vamos, vamos!». Y cuando todo el mundo se movió tú te limitaste a seguir a la manada. Cuando en la sociedad nos unimos a un grupo intentamos dilucidar cuáles son las reglas fundamentales de dicho grupo. Por ejemplo hoy, en este taller, puede que te preguntes si puedes ir al baño cuando estamos en medio de algún experimento, o si puedes tomarte una segunda taza de café, si puedes salir fuera, etc. Lo que hacemos es observar lo que hacen los demás. Tratamos de leer la situación para averiguar cuáles son las reglas tácitas, qué es lo que resulta adecuado hacer y lo que no.

Sentirse estúpido

Mark: Yo me he sentido muy incómodo. De hecho incluso ahora sigo sintiéndome como si fuese estúpido o algo así. Pensaba que no había entendido alguna parte de las instrucciones. No tengo ni idea de cómo nadie podría saber a qué zona tenía que dirigirse. Porque, hablando en general, salvo unos cuantos, la mayoría de la gente estaba en la zona correcta. En mi caso, el único motivo por el que me puse en la zona plateada fue que usé un poco la lógica. Supuse que los colores debían de estar repartidos uniformemente, y como tan solo vi a una persona con un punto plateado supuse que yo también debía tener una pegatina plateada en la frente. Pero lo cierto es que no recuerdo que hayas dicho nada respecto a la distribución de los colores. Pensaba: «No tengo ni la más mínima idea de cómo hacen los demás para saber a dónde ir. ¿Cómo hacen para averiguarlo?». Me siento muy estúpido, la verdad.

Richard: ¿Viste cómo algunas personas llevaban a otras a la zona que les correspondía?

Mark: No, no vi nada de eso.

Richard: ¡No lo has visto! Así es como la gente conseguía estar en la zona correcta; otras personas les llevaban ahí. Ahora ya sabes qué es lo que hacían los demás para dirigirse a la zona adecuada.

Mark: Sí. Eso es lo que me hacía sentirme verdaderamente incómodo. El no saber cómo hacían para saber a qué zona pertenecían. Me preguntaba cómo era posible que lo supieran.

Richard: Esto es justamente a lo que me refería antes, y es un claro reflejo de lo que a veces experimentamos en la vida. A medida que vamos creciendo nos vamos uniendo a diversos grupos, pero muchas veces no se nos dicen explícitamente las normas que operan dentro de ellos. Tenemos que ir averiguando y descubriendo cuáles son las normas por nosotros mismos. Y a veces ocurre que todo el mundo salvo nosotros parece saber lo que está pasando. Esa ha sido la experiencia que tú has tenido en este juego.

Jugar a no jugar

Margaret: Es curioso, porque justo hace un momento estaba pensando que claramente yo debía de ser muy lista y estar muy evolucionada por el hecho de no haberme movido. Sin embargo ahora me doy cuenta de que eso es precisamente lo que he estado haciendo durante toda mi vida, no participar en el juego. Mi actitud siempre ha sido esa, quedarme al margen, pensar que yo era la que tenía razón y la que hacía lo correcto y que los demás estaban equivocados. «¡Resulta frustrante escuchar constantemente que se supone que tengo que participar en este condenado juego! No quiero jugar. ¡No, no quiero!». Esa ha sido muchas veces mi actitud, como una niña pequeña.

Richard: El juego al que tú juegas es el juego del «¡no quiero jugar!»

El espejo como amigo

Laura: Yo me he sentido muy incómoda. Y, de hecho, es como me siento muchas veces en la vida, como que no pertenezco, como si estuviese cometiendo algún error.

Richard: Te entiendo. Este experimento es muy potente, y eso que ¡tan solo es un juego con pegatinas de colores!

Laura: Me estaba poniendo tensa.

Richard: ¿A qué crees que era debido ese sentimiento de no pertenencia?

Laura: Creo que ha sido porque he recibido mensajes contradictorios. Pero es que yo soy así. Observo las reacciones de los demás y yo misma reacciono en función de ellas. Es lo que hago todo el tiempo.

Richard: La única manera que tenías para averiguar cuál era tu color era mediante las reacciones de los demás, ¿no es cierto? Pero te sientes confundida respecto al lugar al que perteneces, ¿sí? ¿Quieres mirarte en un espejo para ver qué color tienes?

Laura: Sí.

Richard: Muy bien. Mírate en el espejo.

Laura: ¡Es naranja! Yo pensaba que era rojo.

Richard: Sí, es naranja y no rojo. La confusión se produjo porque el color naranja es muy parecido al rojo, por lo que es difícil diferenciarlos. Muy bien podrías haber pertenecido al grupo de los rojos. Pero ahora, el hecho de verte en el espejo te ha clarificado por qué estabas recibiendo mensajes contradictorios de la gente. El espejo es una herramienta realmente útil, ¿verdad?

Laura: Ciertamente lo es.

Richard: Ahora ya no te sientes confusa. Incluso a pesar del hecho de que no perteneces a ningún grupo, porque no hay ninguna zona naranja en la sala.

Laura: Así es. Ya no me siento confundida.

Seguro al cien por cien

Jennifer: Alguien me puso en uno de los grupos y yo me fié de que era el correcto.

Richard: ¿En quién confiaste?

Jennifer: En Anthony.

Richard: Claro. ¡Anthony es una persona tan digna de confianza!

Eric: En realidad, creo que Anthony puso a alguien en la zona equivocada.

Richard: ¿Sigues fiándote de él?

Jennifer: Bueno, no tengo ningún motivo para no hacerlo.

Richard: ¡Pero es alguien que ha puesto a otra persona en la zona equivocada!

Jennifer: No lo sabes con certeza.

Eric: Es verdad, pero yo sé que a Anthony le gusta hacer trampas. Es un poco travieso.

Richard: Lo que yo dije fue: «Si estás seguro al cien por cien, entonces quédate donde estás». ¿Estás segura al cien por cien de que Anthony te ha colocado en la zona adecuada?

Jennifer: Sí.

Richard: ¿Al cien por cien?

Jennifer: Sí.

Richard: ¿Cómo puedes estar segura al cien por cien de que Anthony no es daltónico?

Jennifer: ¡Oh, vaya!

Richard: ¡Uy!

Jennifer: Sí, ¡uy!

Richard: ¡Menos mal que no has apostado tu dinero en esto!
Jennifer: Cierto.
Richard: No estoy diciendo que Anthony no sea digno de confianza. Lo que estoy poniendo en duda es el hecho de que puedas confiar en él al cien por cien.
Jennifer: De acuerdo.

Tenemos que confiar en los demás

Richard: A medida que vamos creciendo, todo el mundo que nos rodea nos va poniendo etiquetas. Crecer es muy similar al juego que acabamos de hacer; vas descubriendo quién eres en la sociedad a través de la información que recibes de otras personas en las que confías. Si no te fías de ellas, entonces no hay juego, no hay sociedad. Este flujo de respuestas proveniente de los demás continúa cuando nos convertimos en adultos. De hecho, también está teniendo lugar ahora mismo, en este taller. Estamos continuamente recibiendo información sobre nosotros mismos de los demás —todos los aquí presentes te están diciendo quién eres todo el tiempo, tanto de forma verbal como de forma no verbal y tú lo estás aceptando—. Tan solo tengo que mirarte para que te sientas observado. Es decir, estás aceptando que eres lo que yo veo que eres, una persona. Tú no puedes ver tu propia cara, pero si no aceptases que eres lo que yo veo —una persona con cara— entonces no podrías «jugar». No podrías funcionar en sociedad, porque estarías negándote a aceptar tu lugar en la sociedad como persona.

Pertenencia

Richard: ¿Qué tipo de sensación tuvisteis cuando algún grupo os acogió y os dio la bienvenida?
George: Una buena sensación.
Richard: Una buena sensación. «Ah, ¡gracias a Dios que alguien me quiere!».
George: Exactamente. «¡Se acabó el buscar! ¡Ahora ya sé a dónde pertenezco!».

Richard: Sí, es el fin de la búsqueda. Cuando somos adolescentes queremos que nuestros iguales nos acepten. Lo último que deseamos es quedarnos fuera. No queremos ser nada, ser nadie; lo que queremos es ser alguien. Es mejor ser alguien que ser nadie, ¿no creéis? ¿Los demás también tuvisteis ese tipo de sensación cuando os acogieron en un grupo? «Ahora ya estoy bien. ¡Cómo me alegro de no ser yo el pobre tipo que se ha quedado en el centro de la sala sin pertenecer a ningún grupo!».

David: Yo me sentí muy mal porque cuando Kate, a quien conozco desde hace años, vino a nuestro grupo, lo que pensé fue: «No perteneces a nuestro grupo».

Richard: Sí. Puede ser difícil tener que expulsar a alguien de tu grupo, tener que rechazarle.

Anne: Yo quería coger al chico que se quedó en el centro y llevarle a algún grupo, sin importar que fuese el plateado o no.

Richard: ¿Qué crees que es lo que te estaba pasando en ese momento?

Anne: No me gusta ver que alguien se queda fuera.

William: Yo pensé: «Vale, no soy rojo, pero ¿dónde voy ahora?». La sensación que tuve cuando los demás me dieron su «sí», cuando me recibieron con sonrisas en su grupo, fue la de que por fin había descubierto la zona a la que pertenecía.

Richard: De modo que entonces ya te sentiste bien. Esto encaja con lo que cada uno de nosotros experimenta a medida que crece. Al principio de la vida no sabemos en absoluto en qué grupo estamos. La gente que nos rodea nos ayuda a ir descubriéndolo progresivamente. Para cuando ya hemos alcanzado la edad adulta ya sabemos en qué grupo estamos inmersos; «Soy rojo, no soy amarillo, así es que ahora voy a comportarme como un rojo. Soy una persona, no soy un pájaro ni un tren. Soy un chico y no una chica, o viceversa. Ahora ya pertenezco a algún sitio ¡Ahora ya sé cómo he de comportarme!».

William: Sí.

Richard: Necesitamos saber quién somos en la sociedad y confiamos en los demás para que nos ayuden a descubrirlo. Si no lo hiciésemos así, no podríamos operar y funcionar en sociedad. Pero no podemos estar seguros al cien por cien de nuestro color, porque no podemos verlo. Análogamente, nunca podemos llegar a estar seguros al cien por cien de que somos una persona —una persona con una cara y un cuerpo, como todas las demás—. Pero confiamos al noventa y nueve por ciento en la gente que nos rodea cuando nos dicen lo que somos, lo que significa que podemos funcionar en el juego, en la vida.

¿Hay algo totalmente seguro?

¿Hay algo sobre ti mismo de lo que puedas estar seguro totalmente, al cien por cien?

Margaret: Del Vacío.

Richard: Sí. Señala con el dedo a la pegatina que tienes en la frente. No puedes verla, ¿cierto? No puedes ver tu propia cara. Lo que ves es este Espacio Abierto, ¿sí? Esa consciencia del Espacio Abierto, ¿depende de la confirmación de los demás?

James: No.

Richard: La realidad de tu Verdadera Naturaleza, de aquello que eres primordialmente, de tu esencia, no depende en absoluto de que los demás la confirmen o no.

Carol: Es autoevidente.

Eric: Los demás no pueden confirmarla.

Brian: ¿Podrías repetirlo?

Richard: Te hace falta la confirmación de los demás para saber de qué color es la pegatina que tienes en la frente. Igualmente, estás constantemente recibiendo información proveniente de los demás que te indica quién eres como persona. Dependes de esa información que te viene de vuelta para saber quién eres como persona. Pero cuando apuntas a la Nada que hay en tu Centro, ¿hace falta que yo te confirme que tú eres eso?

Brian: No.

Richard: De hecho, yo no estoy situado en el lugar adecuado para poder confirmarlo o desmentirlo. Estoy en el lugar correcto para confirmar que tienes una pegatina en la frente, para confirmar de qué color es, para confirmar que tienes una cara, pero no me encuentro en el lugar adecuado para confirmar tu No-cara. Sin embargo, tú sí que estás en el lugar adecuado para ello, ¿verdad?

Brian: Sí.

Richard: Tu Verdadero Yo no depende ni siquiera de que te acuerdes de él. No te estoy pidiendo que lo recuerdes, ni que creas en ello o que te fíes de los demás para que te digan lo que realmente eres. Puedes percibir tu Verdadera Naturaleza por ti mismo, aquí y ahora.

Intercambiar caras

¿Qué es lo que veis en lugar de la pegatina que tenéis en la frente?

Barbara: Las pegatinas de todos los demás.

Richard: Sí. Visto desde fuera, estás en un grupo concreto y no en los demás, pero visto desde dentro no estás en ningún grupo en absoluto sino que todos los grupos están en ti.

De lo negativo a lo positivo

A medida que vamos creciendo aprendemos a reprimir nuestra Nada. Dado que nadie más que nosotros puede ver nuestro Rostro Original, aprendemos a considerar que no es real. Aunque yo no puedo ver mi propia cara, los demás me dicen que tengo una cara, que estoy separado de los otros, de modo que voy aprendiendo a no confiar en mi propia experiencia y, en lugar de eso, deposito mi confianza en los demás. Suprimo la consciencia de esta Apertura. Después, como adulto, cuando a veces tengo pequeños vislumbres de mi No-cara, es algo que me asusta y me da miedo, pienso que estoy desapareciendo. O quizá puede que no sepa qué decir, que mi mente se quede en blanco, cuando en realidad pienso que tendría que tener algo que decir, que tendría que ser alguien. Siento sobre mí la presión de la sociedad para que sea algo, para comportarme de una cierta manera. Aprendemos a tenerle miedo a la experiencia de ser nada, de ser nadie, de estar vacío, de quedarnos en blanco.

Sin embargo, ahora que estamos volviendo a despertar a esta Apertura podemos comenzar a apreciar y valorar de una forma nueva esta Nada, este Vacío inclasificable. Es el Ser, es el Espacio que lo contiene todo. Me muestra que no estoy separado de nadie, que ahora tengo tu cara en lugar de la mía. Es la puerta de entrada hacia la verdadera conexión. Es un recurso infinito, inagotable, está constantemente surgiendo con ideas y pensamientos nuevos, todos ellos burbujeando y brotando de la Nada. Los sonidos están constantemente yendo y viniendo de la Nada. Este día que estamos pasando juntos está emergiendo en su totalidad de la Nada —¡Qué Espacio tan sumamente creativo!—. Ahora me doy cuenta de que aquello a lo que temía es en realidad una bendición. Soy Nada, soy Nadie, lo que significa que estoy lleno de todo y de todos. Y, al mismo tiempo, sigo siendo consciente de mí mismo como persona. Tengo dos aspectos: soy Nadie y soy Richard.

Roger: Me gusta que digas eso. Hace un rato comentaste que estaba bien ser consciente de uno mismo. En mi caso, cuando conocí por primera vez la *Vía sin cabeza*, cuando me mostraron esta Nada, era casi como si quisiese erradicar por completo esa consciencia de mí mismo.

Richard: No puedes hacerlo. Ahora, en lugar de rechazarla, le das la bienvenida. Ahora la consciencia de ti mismo simplemente forma parte de la situación. Significa que tú, como la Unidad, puedes participar en el juego, puedes representar tu papel en la sociedad.

Malentendidos

John: Me resultó muy interesante ver cómo Mary se puso a dirigir el tráfico. Aunque esa zona era la amarilla, Mary llevó a Sue ahí, pero Sue tenía un punto rojo en la frente.

Mary: ¡Yo no llevé a Sue!

Richard: Puedo ver claramente que ha habido un malentendido.

Mary: ¡Fuiste tú el que me dirigió a mí!

John: ¿Yo?

Phil: Vosotros dos me trajisteis aquí, ¡pero entonces otra persona

me indicó que tenía que ir a esa otra zona!
Richard: ¿Es eso cierto? ¿Pusisteis a Phil ahí?
Mary: Yo no. Fue él.
William: ¡Es impresionante!
Richard: ¿No os parece interesante?
William: Las instrucciones no siempre son claras o adecuadas.
Alex: La gente puede confundirse al guiarte por un cierto camino. Por eso tu pregunta, Richard, es tan importante: «¿Estáis seguros al cien por cien de que ahora estáis en el grupo correcto?».

Basar nuestra vida en una mentira

Richard: Sí. Recibimos información de los demás, pero no siempre es correcta. Sin embargo, somos como niños pequeños, estamos totalmente desprotegidos y sin defensa alguna, por lo que no nos queda más alternativa que aceptar lo que los demás nos dicen. El mensaje que subyace en todos los mensajes que recibes, independientemente del color de la pegatina que te digan que tienes, es que eres una persona, que eres un cuerpo. No puedes estar seguro de que los otros estén en lo cierto, pero, ¿qué otra alternativa tienes aparte de fiarte de ellos? De modo que aprendes a verte a ti mismo de la forma en la que te ven los demás, aunque puedan estar equivocados. Muy bien podrías estar basando tu vida en un error, en un malentendido sobre quién eres realmente. De hecho, eso es exactamente lo que haces. Vives como si fueses tan solo tu apariencia, como si fueses tan solo lo que los otros te dicen que eres. El error que cometes es que estás pasando por alto totalmente quién eres realmente. Es como si estuvieses viviendo la vida a la mitad en lugar de vivirla en su totalidad.

El juego no termina aquí

Cuando no eras más que un bebé no sabías que eras una persona ni tenías ninguna idea al respecto, pero a medida que fuiste creciendo te uniste y te adaptaste a lo que sucedía a tu alrededor; aprendiste a actuar como si fueses una persona. Aceptas lo que los demás te dicen sobre ti mismo porque no quieres quedarte fuera. Y, de todos modos, tampoco hay ninguna otra opción, pues no participar significa no participar en la vida.

Una vez alcanzado este punto, la sociedad te dice: «Ahora ya has descubierto quién eres en la sociedad. Eres una persona. Eres John, o Ellen, o quienquiera que seas». Aceptas que la meta final es descubrir quién eres —de qué color es la pegatina que tienes en este juego, qué persona eres en la vida—. Una vez que ya has averiguado quién eres, entonces has de responsabilizarte de ser esa persona. Has de aprender a actuar como si realmente fueses esa persona. Ese es el trato, en eso consiste el juego. No tienes ninguna elección respecto a qué persona eres —eres, sin más, ese que aparece en el espejo—. No puedes elegir ser nadie más. Así es que juegas lo mejor que puedes con las cartas que te han tocado. Y eso es todo. Aparentemente, en eso consiste la vida, en averiguar de qué color es la pegatina que llevas pegada en la frente y aprender a actuar como si fueses ese color. La vida, en este sentido, consiste en hacer lo mejor que puedas con la persona que has descubierto que eres.

Pero, en realidad, descubrir quién eres en la sociedad no tiene por qué ser necesariamente la última parte del juego. Potencialmente, no es más que una etapa a medio camino en tu desarrollo. Por lo general, la gente no suele ser consciente de que aún hay otra etapa en el juego, otra fase en la vida. La siguiente etapa es precisamente en la que estamos centrando hoy nuestra atención: volver a despertar a quién eres realmente. Lo que eres realmente no es lo que *los demás* te dicen que eres sino lo que *tú mismo* ves que eres, de manera que tienes que reclamar la valía de tu propio punto de vista, tienes que mirar por ti mismo. Es por esto que en la esencia de este taller subyace, en cierto sentido, una especie de actitud desafiante: «No voy a dejar que nadie más me diga lo que soy en realidad porque ellos no están donde yo estoy, por lo que no tienen ninguna autoridad para decirme lo que soy en mi Centro. En lugar de eso, lo que voy a hacer va a ser mirar por mí mismo. No puedo ver el color de mi pegatina, no puedo ver mi cara. Ahora bien, ¿qué significa eso? Pues

¡que soy inclasificable! ¡No estoy metido en un cuerpo!».

Al mismo tiempo, al no tener ninguna pegatina de color aquí, me doy cuenta de que todas las pegatinas coloreadas que percibo están en mí. En lugar de a mí mismo, lo que veo son todos esos otros colores. Es como un intercambio de pegatinas, de caras, de identidades. Yo no estoy dentro de un cuerpo; ¡todos los cuerpos están dentro de mí! Pero ¿implica esto que ahora dejo de participar en el juego de ser un cuerpo, de ser una persona en la sociedad? No. Sigo jugando a ese juego, pero ahora con esta consciencia interna de quién soy realmente. Esto me capacita para funcionar incluso mejor como persona, con más compasión, con más comprensión, con más fortaleza. Descubro en mí una creciente confianza interior porque ahora estoy operando desde la experiencia completamente fiable de lo que soy en lugar de actuar desde lo que vosotros me decís que soy —algo de lo que no puedo estar completamente seguro—. Hay una gran libertad, una enorme creatividad y una seguridad total en esto. No estoy en un cuerpo, no estoy limitado. ¡En el fondo, soy libre! Mi mundo emerge milagrosamente en el seno de esta Consciencia. ¡Qué creativo es mi Verdadero Yo! Y mi Ser no puede ser dañado. Estoy a salvo, totalmente a salvo. Así es que seguimos participando en el «juego» de la vida, pero ahora de una forma radicalmente distinta, desde una base mucho más profunda, mucho más verdadera y real. Una base en la que podemos confiar plenamente.

Límites

Peter: Siguiendo con la analogía del juego de las pegatinas, muy bien se podría dar el caso de que yo prefiriese ser aceptado en el grupo amarillo porque en él todos me dicen que me quieren, mientras que en el grupo rojo me desprecian —o, al convertirme en un adulto, me dicen que no soy más que «un pobre blanco despreciable»—. Sin embargo, al contemplarlos a ambos, me doy cuenta de que en realidad no me gusta pertenecer a ninguno de ellos, que lo que me gustaría realmente es que me aceptasen por lo que soy. Puedo estar en un grupo que me acepte pero, aún así, no aceptarme a mí mismo.

Y esa es la lucha, aceptarme a mí mismo sin que me preocupe o me importe la opinión de nadie más.

Richard: Ya te entiendo. Puede que lo que hayas estado pensando hoy durante el taller es que desde tu punto de vista... Bueno, mejor hablo por mí mismo: que desde mi punto de vista no soy ni marrón, ni plateado, ni rojo, ni amarillo ni ningún otro color. Esa es mi realidad, incluso a pesar de que los demás me digan que tengo un color determinado. ¿Qué color tengo? ¿Amarillo? Entonces acepto que, para los demás, soy amarillo. No puedo ver mi color, pero me fío de que los demás me estáis diciendo la verdad. Pero podríais ser daltónicos, con lo que no podría estar seguro al cien por cien. A pesar de eso, ahora actúo como si fuese amarillo porque estoy adoptando y dando por buena vuestra información sobre mí. Pero mi verdad interna sigue siendo que no soy ni amarillo ni plateado ni de ningún otro color. No tengo ninguna cara. Aquí, soy Espacio y Claridad. Por lo tanto, todos los rojos y los amarillos, toda la gente a la que le gusto y a la que no, la que me acepta y la que no, son de hecho yo mismo. Ahora bien, puede que descubrir esto no sea precisamente agradable, porque preferiría no ser ciertas personas, pero es así como son las cosas. En todo caso, darte cuenta de que eres Espacio para los demás no significa en absoluto que ahora dejes que te pisoteen. Acoges con tu abrazo ilimitado a todo el mundo pero, al mismo tiempo, sigues respetando y honrando tu propia separación relativa. Ser consciente de tu doble identidad significa que, en ciertas situaciones en las que es necesario, puedo decir: «¡Ahí quieto! Sí, yo soy tú, pero, ¡mantén las distancias! Yo soy ilimitado, pero aquí está la línea que nos separa y ¡no quiero que la cruces!».

Nada queda adherido

James: En los últimos seis meses me he vuelto más abierto que nunca antes en mi vida porque empecé a indagar quién era en realidad, cuál era mi verdadera identidad. Pasé mucho tiempo como encerrado en una jaula dentro de mi cabeza. Podría decir que en esta última etapa me he abierto tanto a los rojos como a los plateados.

Algunos días aún me sacan de mis casillas —es algo en lo que estoy trabajando, incluso ahora, aquí sentando—, pero hace tan solo un año no hubiese dudado en decir cosas como: «No eres más que un chalado. Apártate de mi vista».

Richard: Bien. Pero lo que resulta genial de todo esto es que, incluso aunque yo aceptase que me vieses de ese modo, aquí, en mi Centro, no hay absolutamente ningún sitio en el que ese calificativo, esa etiqueta, pudiese fijarse de algún modo. Da igual lo que los demás digan de ti; nada queda fijo, nada queda adherido en tu Verdadero Yo porque no hay absolutamente nada a lo que pudiera fijarse. Cuando miro aquí no veo ninguna etiqueta, soy consciente de que nada puede quedar aquí fijo. Esto resulta muy liberador. Obviamente, nunca vas a conseguir gustarle a todo el mundo. Siempre van a suceder cosas que preferirías que no ocurriesen. Pero echa un vistazo y comprueba si quedan fijas o no. ¡No lo hacen! Esa es la simple verdad. Incluso aunque pueda sentirme herido por lo que alguien diga sobre mí, aquí en mi Centro la verdad y la realidad es que nada permanece, nada queda fijo.

Dale: Es muy liberador.

Richard: Es tu Realidad básica. La Realidad básica de quién eres es «inadherible». Es un término técnico que encontré en un tratado budista secreto, «inadherible».

Peter: ¿Qué has dicho, en un «trazado» budista?

Richard: No, he dicho en un «tratado budista». Pero lo del trazado es mejor. ¡En los trazados budistas!

Dale: Sí, la pegatina —o las etiquetas— se pueden poner ahí fuera, pero no aquí dentro. Es hermoso.

Richard: ¡Y es un hecho!

Dale: Nunca es personal.

Richard: Simplemente es imposible. No depende de si se te da bien o mal o de si lo comprendes o no; simplemente las cosas no se quedan adheridas aquí. Ver quién eres realmente es aceptar la realidad. Una realidad tremendamente hermosa y radiante. Aquí no se puede fijar ninguna etiqueta. Ahora yo te miro, pero la reacción que tenga ante ti no queda adherida, no se fija en absoluto en ti, ¿verdad? No hay nada ahí. Eso es libertad. Pero, aún así, sigues permaneciendo abierto a mi reacción. No tienes por qué negar o bloquear de algún modo lo que yo estoy diciendo. Igualmente, lo que tú digas de mí, de Richard, puede ser verdad —es tu visión de mí, tu punto de vista sobre mí—. Pero no es quién yo soy realmente. Es fantástico.

No puedes probar tu Naturaleza Inclasificable externamente, en el mundo. Desde el punto de vista externo, todas las etiquetas, al menos hasta cierto punto, tienen la capacidad de quedar adheridas en ti. Pero internamente nada queda adherido, nada queda fijo; eres transparente como el cristal, eres como un espejo, que todo lo refleja pero nunca se ve manchado por aquello que refleja. Tu cara, la cara que aparece en el espejo, puede ensuciarse, pero tu Verdadera Naturaleza, tu Rostro Original, no se ensucia jamás. Esto es algo muy práctico. Esta libertad que se encuentra en tu Centro es un hecho observable, verificable. No es así porque hayas pasado años y años meditando, ni porque seas de algún modo especial o diferente, ni tampoco porque hayas tenido esa suerte. No tiene nada que ver con todo eso. Simplemente es un hecho, una verdad, una realidad. Estás viendo el mundo desde este Espacio Abierto, desde este Espacio sin cabeza. Todos vemos desde él. Cuando te das cuenta de quién eres realmente también comprendes, o crees, que todos los demás también están viendo desde este Espacio. Tiene sentido. Es algo absolutamente limpio, claro, transparente, quieto, libre... Para todo el mundo.

La comunicación es bidireccional

Diana: Me estaba acordando de cuando estaba en la escuela secundaria. Había una chica que era la líder del grupo. Todo el mundo la escuchaba y le hacía caso.

Richard: Ella era la autoridad.

Diana: Sí. ¿Quiere esto decir que ella había asumido esa visión de ella misma porque todos la veían como una autoridad?

Richard: Bueno, ella estaba ejerciendo esa presión sobre los demás en la misma medida que los demás la ejercían sobre ella. Todos nos estamos produciendo este efecto los unos a los otros constantemente. Puede que ella viese esa identidad reflejada en los demás, pero, a su vez, ella también reflejaría en los demás que érais sus seguidores. Ese sería el trato. Pero a un nivel más profundo, la transacción subyacente que tiene lugar tiene que ver con el mensaje: «Eres una cosa; yo soy una cosa, y tú también eres una cosa. Independientemente de que seas un líder o un seguidor, eres una cosa. No eres una "Nada llena de todo", sino que eres un objeto, algo separado de todos los demás objetos. Y las cosas, por definición, son limitadas, son vulnerables, se pueden dañar, mueren, solo pueden estar en un sitio a la vez y todas esas cosas». Ese el verdadero mensaje que subyace en toda comunicación.

Pero una vez que despiertas a Esto, te das cuenta de que eres Nada, una No-cosa. Tú no eres una cosa. La Consciencia resulta tan infecciosa como el «cosificarnos» unos a otros. Ahora mismo os estoy mirando y me doy cuenta perfectamente de que soy Espacio abierto de par en par para vosotros. Ahora, en este grupo, prestándole atención a este hecho, nos estamos dando permiso para ser Espacio los unos para los otros. Es contagioso. Es amor. Básicamente es eso, amor. Es recibir a los demás tal y como nos son dados, en nosotros, en nuestro interior. Pero, ¿quiere eso decir que ahora hemos dejado de reflejarnos unos a otros como personas? No. ¡Hola, Phil! ¿Veis?, dirigirse a alguien ya es reflejar en él o ella lo que es como persona y, al mismo tiempo, también implica hasta cierto punto vernos a nosotros mismos a través de sus ojos.

El espejo no miente

Nos fiamos del espejo, ¿verdad? Sin embargo, cuando nos miramos en él cometemos un error. Cuando te encuentras en la tercera etapa, cuando estás inmerso en la sociedad, al mirarte al espejo dices: «Yo soy ese». Te imaginas que tu cara está aquí. Pero estás equivocado. Tu cara no está *aquí*, sino *ahí, en el espejo*. Piensas que estás en lo cierto. Estás absolutamente convencido de que estás en lo cierto: «Aquí, soy ese tipo que se refleja en el espejo». Pero la verdad es que estás cometiendo un error.

Después, cuando comienzas a entrar en la cuarta etapa de tu vida, te vas dando cuenta de que tu cara está ahí y de que no hay absolutamente nada aquí sino Espacio para los demás. Sin embargo, sigues participando en el juego, sigues estando comprometido e inmerso en él. De hecho, ahora puedes jugar mejor, porque ya no estás limitado por «ese que aparece en el espejo» del mismo modo que antes, de manera que ahora ya no estás cara a cara con los demás y, por lo tanto, ya no los confrontas, ya no estás aislado de los demás. Estás completamente Abierto. Esa es tu constitución, la forma en la que estás diseñado: completamente Abierto. Se trata de un juego completamente distinto que no tiene nada que ver con el anterior. La sociedad nos dice que el juego se termina en el momento en el que nos miramos al espejo y, sin duda alguna, nos ponemos esa cara aquí, en nuestro Centro. Es como cuando estás viendo una película, de pronto se termina y tú te quedas confundido preguntándote: «¿Eso es todo? ¿Termina así?». Pero ¡luego descubres que hay un segundo DVD en la caja! «¡Oh, vaya! ¡En realidad ese no era el final!». Pues bien, la cuarta etapa, la del veedor, es el segundo DVD. ¡La *Vía sin cabeza* es la segunda temporada de la serie! Es fantástico. Ahora nos damos cuenta de que las cosas en realidad son completamente al revés de como nos han dicho que son. No obstante, seguimos participando en el juego. Es genial.

Tú eres como yo

Ahora que te das cuenta de que no estás en un grupo, sino que todos los grupos están en ti, puedes darte cuenta de que esto debe de ser cierto también para todas y cada una de las personas con las que te encuentras. Por ejemplo, puedo ver a Roger ahí, pero sé que tú, Roger, desde tu propio punto de vista, estás lleno con todos los demás que aparecen en ti. Esto cambia radicalmente la forma en la que percibo a los demás, porque, antes de darme cuenta de que había un segundo DVD, cuando veía a los demás actuaba como si no fuesen más que su apariencia: «Eres una cosa sólida que está ahí, estás limitado, estás separado de mí. Yo no soy tú». Pero ahora que ya he visto el segundo DVD, cuando te veo pienso: «Bien, esa es tu apariencia, pero, puesto que tú eres como yo, ahora sé que también tú estás viendo el mundo desde este Espacio Abierto. No eres algo sólido, sino más bien una «nada llena de todo». No estás limitado, eres infinito. No estás separado de mí. Yo soy tú y tú eres yo». Cuando me tomo este punto de vista en serio, supone un cambio radical en la forma en la que me comporto con los «otros».

En su libro *Vivir sin cabeza*, Douglas Harding explica de qué modo le afectó ver su Rostro Original. Viene a decir, más o menos (estoy parafraseando): «Cuando me di cuenta de que no tenía cabeza comprendí dos cosas de inmediato. La primera era que en realidad estaba cara a No-cara con los demás —estaba completamente Abierto para los otros—. Nunca jamás había confrontado a nadie porque nunca había estado cara a cara con nadie. La segunda cosa que comprendí fue que todo el mundo debería encontrarse en la misma situación en la que yo estaba. Todos debían estar completamente abiertos para los demás y para el mundo». Esto le llevó a «pensar en los demás como en el mundo entero». Cuando «ves a los demás como el mundo entero» significa que tienes un tremendo respeto por ellos. Pero el respeto al que se refería Douglas no tenía nada que ver con el tipo de persona que alguien pudiera ser, sino más bien con el hecho de que no eran para nada personas sino Espacio para el mundo. Ahora mismo yo sé que ahí, en el lugar donde está Charlie, en su Centro, no hay ningún Charlie sino el mundo. Tú eres Capacidad para el mundo. Tú eres exactamente el mismo Espacio que yo soy. En el lugar que ocupas eres Espacio del mismo modo que lo soy yo aquí. Decirle a alguien «pienso en ti como en el mundo entero» no es algo que esté basado en ningún tipo de fantasía bienintencionada sobre los demás, sino en una valoración totalmente realista de cómo son. Esto es lo que los otros son en realidad. Pienso en ti como en el mundo porque tú eres el mundo. Cuando vivimos a la luz de esta Realidad nuestras vidas comienzan a expandirse y a hacerse cada vez más y más profundas. ¡El segundo DVD no se termina nunca!

Capítulo 18

Confianza

Richard: Ver quién eres realmente es una experiencia directa. Es despertar a tu Realidad. Ahora ya has encontrado una base estable, unos cimientos sólidos para tu vida.

Dale: Es absoluta confianza. La única cosa de la que puedes estar seguro de tu experiencia directa.

Charles: Pero tener una confianza absoluta, ¿no es algo egoísta? Pensar que lo sabes todo, ¿no es eso algo propio del ego?

Richard: La confianza a la que me estoy refiriendo no tiene nada que ver con confiar en ti mismo a nivel personal. No estoy hablando de que yo confíe en Richard, de confiar absolutamente en él. No, a lo que me refiero es a lo que soy internamente, este Espacio Abierto que está lleno con todo lo que aparece en él. Esto es real, es fiable. Es algo que nunca cambia, porque la Totalidad, la Nada que está siempre llena de algo no se encuentra en el tiempo. Todas las cosas individuales están en el tiempo; vienen y van, aparecen y desaparecen. Por ejemplo, este taller está yendo y viniendo ahora mismo. Pero la Unidad está fuera del tiempo, no cambia. Por lo tanto, puedes tener plena confianza en ella en el sentido de que, te guste o no, siempre está ahí.

Y también puedo confiar en el Uno en otro sentido, y es que puedo confiar en él porque es infinitamente sabio. Es sabio simplemente porque es, porque ha sucedido. Sabe cómo Ser, como llegar a la Existencia desde la más oscura de las noches, desde la oscuridad del no-ser. Esa emergencia, esa aparición, esa explosión que da lugar al Ser, es un auténtico milagro. Es pura inteligencia. ¡Tu Yo Verdadero es extremadamente listo! Estoy seguro de ello.

Así es que hacemos la distinción entre nosotros a nivel personal y el Uno, entre las cosas individuales que aparecen en el seno del Uno, que vienen y van y de las que no nos podemos fiar en absoluto, y el Uno mismo que nunca viene ni va. Si no puedes fiarte del Uno que nunca viene ni va, que nunca aparece ni desaparece, que ha conseguido llegar a Ser —que está consiguiendo Ser ahora mismo—, entonces, ¿de qué vas a fiarte?

Capítulo 19
El experimento del tubo

El experimento del tubo se centra en el hecho obvio de que cuando miras a alguien puedes ver su cara pero no la tuya. A esto lo llamamos estar «cara a No-cara». También nos referimos a ello como «intercambiar caras». Ahora yo tengo tu cara y tú tienes la mía. Es justo lo contrario a lo que ven los demás, ¿verdad? Por ejemplo, cuando te miro a ti, Anne, los demás pueden ver nuestras dos caras —para ellos, tu cara está ahí y la mía aquí—, pero para nosotros no es así; desde nuestro propio punto de vista, nos *intercambiamos* las caras. Cuando somos conscientes de esto, cualquier cara que veamos se convierte potencialmente en un recordatorio de nuestra No-cara. Ahora, cuando ves la cara de cualquier otra persona puedes ser consciente de que tú no tienes ninguna. Siempre que estás con alguien más recibes su cara en tu Espacio. Y esto es algo verdaderamente amoroso, es verdadero afecto. El experimento del tubo hace que centremos nuestra atención en esto, en el hecho de que estamos cara a Espacio con los demás.

Hace un par de años decidí llevar a cabo este experimento hacia el comienzo de un taller. Había una mujer sentada a mi izquierda que no había asistido nunca antes a un taller de la *Vía sin cabeza*. Pensé: «Muy bien, voy a demostrar lo que hay que hacer con el tubo con ella. ¿Por qué no?». A ella no le importó, así que los dos miramos dentro del tubo para mostrar al resto del grupo lo que tenían que hacer. Cuando terminamos exclamó: «¡Dios mío! ¡Me acabo de convertir en un hombre!».

Y eso es exactamente lo que ocurre en realidad, ¡te conviertes en la otra persona!

Poneos en parejas para realizar el experimento.

Cuando mires a la otra persona a través del tubo no tienes por qué mirarle necesariamente a los ojos. No hay ningún problema en hacerlo si así lo deseas, pero no se trata primordialmente de un ejercicio de comunicación. Aunque, si quieres comunicarte, sonreír o lo que sea, por supuesto que puedes hacerlo. Simplemente me gustaría dejar claro que el propósito básico del experimento es que te des cuenta de cómo son las cosas en tu extremo del tubo, y las diferencias que hay con respecto al otro extremo —el extremo opuesto del tubo—. Si sientes una cierta vergüenza o timidez dentro del tubo, es normal.

Muy bien. Colocad el tubo entre vosotros y mirad dentro de él.

Ves una cara en el extremo opuesto, pero ¿puedes ver una cara en tu propio extremo del tubo?

¿No es cara ahí, en el extremo opuesto, frente a no-cara aquí, en tu extremo? ¿No es esa la configuración real que experimentas en este momento?

EL EXPERIMENTO DEL TUBO

No estás cara a cara con la otra persona, sino que la situación es cara ahí frente a No-cara aquí. ¿Crees que esto es cierto también para ti?
¿No estás completamente Abierto en tu extremo? ¿No eres Capacidad para la cara que aparece en el extremo opuesto?
Ahora podéis bajar el tubo. Cierra los ojos durante un momento y descansa.
Muy bien, abre los ojos y vuelve a mirar dentro del tubo.
¿De quién es la cara que tienes ahora?
Dado que tu propia cara no aparece por ninguna parte, ¿no podrías decir que la cara de la otra persona es la tuya?
¿No podrías decir incluso: «Al estar vacío aquí, soy Espacio para ti. Yo soy tú»?
Se trata de una experiencia no verbal, por lo que si mis palabras no te resultan relevantes o no te encajan demasiado bien, siéntete libre de escoger las tuyas propias o de no usar palabras en absoluto.
Ya podéis salir del tubo. Cerrad los ojos y descansad un instante.
Abrid lo ojos. ¿Alguna reflexión o alguna reacción que hayáis tenido que os gustaría compartir?
Brian: Yo tenía la cara de ella.
Richard: Es algo grande, ¿verdad? Ahora que me estás mirando a mí, ¡tienes mi cara!
Brian: Para mí esto ha sido increíble, porque hasta ahora me he limitado a hacer este experimento en casa con el espejo. Pongo el tubo en el espejo y observo que mi cara está ahí, en el extremo opuesto. Para mí es una experiencia muy profunda. Pero lo que me ha resultado interesante de este experimento es que he sentido que me estaba convirtiendo en esa otra cara. Esa mi cara.
Richard: ¿No es hermoso?
Angela: Yo también he sentido eso mismo con John. Es como si estuviese adoptando su propia cara.
Kevin: Yo he sentido que tenía la cabeza de otra persona sobre mis hombros.
Richard: Sí, ¿no es increíble? Es asombroso, maravilloso. ¡Qué

alegría poder convertirnos en otra persona!

David: Yo he sentido una cierta vulnerabilidad. Te hace ser consciente de tu propia cara, del hecho de que estás envejeciendo.

Eric: Pero es cara a No-cara. Desde la simple evidencia de la propia experiencia no hay ningún envejecimiento en tu extremo del tubo.

Brian: En la segunda vez que hemos hecho el experimento he notado que la otra cara se convertía en la mía. Este cambio repentino ha sido sorprendente.

Carol: Para mí, este experimento hace que la Vacuidad parezca muy viva. Es la cara ahí que aparece en el Espacio de aquí.

Richard: Laurens van der Post escribió un libro sobre los bosquimanos del Kalahari. En cierta ocasión estaba con uno de ellos y vieron a otro bosquimano en la distancia, corriendo hacia ellos con una lanza. Llegó justo hasta donde ellos estaban, clavó su lanza en la arena y pronunció el saludo propio de los habitantes del Kalahari: «Estaba muerto. Ahora estoy vivo». La Vacuidad está muerta si carece de algo que la llene.

Margaret: En mi propio extremo del tubo había esta Nada, esta Capacidad para todo. Entonces, de pronto, algo aparece en ella. Uno está muerto hasta que no tiene una conexión de ese tipo, pero no es algo que le esté ocurriendo a una cara. El hecho de que sea algo que esté ocurriendo en un lugar en el que no hay ninguna cara es una experiencia increíble.

Anne: Yo podía darme cuenta perfectamente de que este extremo del tubo estaba completamente abierto y que Gloria estaba ahí, en el otro. Gloria era la única cosa ahí presente. Yo era nada cuando ella estaba ahí.

George: En mi caso, cuando estoy cerca de la gente, si alguien me mira fijamente a los ojos me hace sentir cierta vergüenza, cierta timidez. Me hace ser muy consciente de mí mismo.

Richard: Sí, es lógico.

George: Pero no ha sido así en el tubo, porque yo no estaba ahí.

Richard: ¡Ya ves los beneficios potenciales que esto puede tener!

Es una terapia profunda, ¿verdad?
George: Sí.
Nigel: Yo pensaba: «¿Cómo me verá la otra persona? ¿Qué estará pensando que soy?». Pero después me di cuenta de que no era más que un pensamiento.
Richard: Sí, así es. Y ese pensamiento no ha ocultado ni obstaculizado para nada tu No-cara, ¿cierto?
Nigel: Bueno, sí que ha sido un obstáculo.
Richard: ¿Seguro? Piensa ahora en el hecho de que yo puedo verte. Piénsalo ahora mismo y retén ese pensamiento en tu mente durante un momento. ¿Te hace sentir observado, notas cierta timidez o vergüenza?
Nigel: Sí.
Richard: Bien. Justo mientras lo estás pensando, ahora mismo, mientras sientes esta timidez, ¿puedes ver tu propia cara?
Nigel: No.
Richard: Luego los pensamientos y los sentimientos no suponen ningún obstáculo, ¿no crees?
Nigel: No.
Richard: No.
Nigel: Bueno, sí y no.
Richard: No. No puedo estar de acuerdo con eso. ¿De qué manera hace que no puedas ver tu No-cara cuando decides poner la atención en ello?
Nigel: De acuerdo, se trata de una elección.
Richard: Es una elección, algo opcional, ¿verdad? Y eres libre de tomar esa opción sin importar cuáles sean las circunstancias o lo que esté sucediendo a tu alrededor. ¿Es eso cierto para ti?
Nigel: Sí.
Richard: Así es para mí.
Nigel: Creo que tengo que recordarlo constantemente, una y otra vez.
Dale: Como practicante del budismo tradicional esta experiencia ha ampliado mucho mi práctica fundamental. En mi experiencia,

las palabras «yo soy Capacidad para ti» resuenan en mi interior como algo muy verdadero. Esta Capacidad está abierta de par en par. Este experimento me permite profundizar más en esa Apertura. Me hace darme cuenta de que cuando aparecen los pensamientos no hay lugar alguno en el que puedan fijarse o quedar adheridos en este extremo del tubo. Sencillamente está total y completamente abierto. Si le presto atención al pensamiento, entonces experimento el pensamiento, pero si pongo la atención en esta Apertura, entonces el pensamiento es como una nube en el cielo de mi experiencia; no hay nada aquí a lo que el pensamiento pueda fijarse. Y es por eso que da igual si es un pensamiento que me guste o no; en cualquier caso no hay nada aquí a lo que pueda adherirse. Se trata de una libertad incondicional.

Richard: Maravilloso. Gracias.

Steve: Recuerdo la primera vez que hice el experimento. Cuando mi mirada se encontró con la de la otra persona sentí como si pudiese ver a través de mí, como si pudiese ver a través de mi «pequeño yo», de mi apariencia —y también mi culpa y mi vergüenza; todas esas capas de mí mismo a las que ni yo quiero mirar—. Así es que traté de permanecer como el Espacio sin cabeza en medio de todo ese torbellino de culpabilidad, acogiendo y dando la bienvenida a todas esas capas de mí mismo.

Richard: Hermoso. Lo entiendo. Como el Espacio sin cabeza estás seguro y a salvo, ¿cierto?

Steve: Sí.

Jennifer: Para mí ha sido una falta total de confrontación. En realidad no había un «yo» que estuviese mirando a mi compañero. En mi experiencia lo único que había era simplemente mi compañero. Sin presión, sin consciencia de mí misma, tan solo este Campo y mi compañero en él, en el Campo de la Consciencia. Simple. Muy simple.

Laura: Y una sensación de fusión.

Mark: Resulta interesante relacionarse como este Espacio vacío con alguien que es una cosa para sí mismo, porque así tú puedes ser el Espacio vacío y esa otra persona es una cosa que lo llena. Pero cuando las dos personas están siendo una No-cosa, todo esto pierde su interés. La sensación que se tiene con dos No-cosas siendo Nada es distinta.

Richard: Bueno, sí y no, porque tan solo uno mismo pierde la cabeza, no los demás.

Mark: ¿Te refieres desde mi propio punto de vista?

Richard: Sí.

Mark: Para mí tú sigues teniendo cabeza.

Richard: Sí. Todos los demás conservan su cabeza. Todos los demás siguen siendo conscientes de su propia cabeza.

Mark: Pero yo tengo la sensación de que tú, para ti mismo, no tienes cabeza.

Richard: ¡Claro! Por eso dije que sí y no. Ahí radica la belleza de todo esto, en que es tanto lo uno como lo otro a la vez. Todo el mundo es consciente al mismo tiempo de su cabeza y de su No-cabeza. Es el Uno convirtiéndose en los Muchos.

Mark: Supongo que lo que estoy tratando de decir es que algo le ocurre al juego cuando se produce el momento de Ver.

Richard: Sin duda.

Margaret: Deja de ser un juego. Es algo hermoso.

Richard: Podríamos decir que es un juego diferente. No dejas de participar en el juego, pero pasa a ser un juego diferente. Hasta ese momento veías quién eras únicamente como persona, veías a los demás únicamente como cosas. Cosas muy hermosas, sí, pero simples objetos al fin y al cabo. Por el contrario, ahora que ves quién eres realmente también eres capaz de ver la verdadera naturaleza de los demás, quién son en realidad. Pero el único Espacio que ves es el que está justo donde tú estás; lo engloba todo, da la vuelta y pasa por detrás de los demás, y también a través de ellos, ¿no es cierto?

Margarita: Sí.

Richard: No puedes contener lo que eres realmente. Así que ahora ves que la otra persona es y no es una cosa al mismo tiempo.

Mark: ¿No lo es?

Richard: Bueno, tan solo hay un Espacio que lo abarca todo e incluye a los demás. Ese Espacio le pertenece tanto a los demás como a ti mismo. Es el Uno hablándose a sí mismo.

Mark: De acuerdo.

Richard: Está siendo a la vez dos y uno. ¡Qué cosa tan maravillosa!

Eric: Yo aún me encuentro en una fase en la que a veces me gustaría volver a meterme de lleno en el juego.

Richard: Sí. No se trata de un error. No estás haciendo nada mal. De hecho, es imposible que hagas nada mal. Ese impulso y esas ganas por zambullirte de nuevo en el juego es lo que hizo que se pusiera en marcha en un principio. Así es que, si eso es lo que sientes que tienes que hacer, eso es lo que has de hacer. No hay nada de malo en ello, porque puedes tener ese anhelo de volver al juego y, al mismo tiempo, ser consciente del Espacio. Así es que eso también está bien. Además, está muy bien olvidarte de vez en cuando de tu Verdadera Naturaleza, porque así, cuando vuelves a recordarla, ¡te llevas una gran sorpresa!

Capítulo 20
Comunicación bidireccional

Este experimento consiste en comunicar la verdad de lo que eres en público. Se suele decir que lo mejor que se puede hacer para aprender es enseñar. O también podríamos expresarlo diciendo que si queremos aprender lo mejor es comunicar. Si quieres aprender, ¡exprésate en público! Se aprende mucho cuando uno expresa algo en público.

Cuando compartimos con alguien algo que es cierto para nosotros, no es más cierto después de haberlo compartido que cuando lo era antes de hacerlo, pero en cierto sentido se vuelve más real. Ahora está ahí fuera, es de dominio público y los demás también lo conocen. Cuando los demás escuchan esa idea y la reflejan de nuevo en ti, algo cambia. Esto no es cierto únicamente cuando hablamos de nosotros mismos a nivel personal, sino que también lo es cuando expresamos la realidad de quién somos realmente. En este experimento os voy a invitar a hablar en público, para el resto del grupo, de lo que sois realmente. Se trata de comunicar a los demás vuestra propia experiencia de vuestro Verdadero Yo. No es necesario que sea nada complicado, simplemente describir cómo es para vosotros la experiencia de no tener cabeza.

Normalmente cuando le hablamos a otra persona no le estamos comunicando tan solo información sobre nosotros mismos sino también de esa otra persona. Digamos por ejemplo que tengo una conversación con Chris y que yo le hablo de mí mismo y Chris me habla de sí mismo. Al mismo tiempo, de una u otra forma, también estoy reflejando en él la impresión que me causa, y él hace lo mismo con respecto a mí. De esa manera podemos vernos a nosotros mismos a través de los ojos de los demás. Por lo tanto, cuando pensamos sobre nosotros mismos, en realidad no nos estamos limitando a eso, sino que también pensamos y sentimos por la otra persona. En cierto sentido, nos ponemos en su piel. Es un intercambio bidireccional. Lo que vamos a hacer en este experimento va a ser explorar este tipo de comunicación centrando la atención en el tema de nuestra Verdadera Identidad.

Instrucciones

Voy a interactuar con Chris para demostraros cómo hacerlo. Como hacen falta dos personas para realizar este ejercicio, uno de vosotros será A y el otro B. Yo voy a hacer de A, y tú, Chris, serás B. Comienzo yo (A) describiendo mi propia experiencia a Chris (B). Después me voy a poner en la piel de B —en la piel de Chris— y voy a describir su propia experiencia. Luego será el turno de B para hacer lo mismo. Creo que os hacéis una idea de a qué me refiero.

Primero hablo desde mi propio punto de vista: «Chris, estoy completamente Abierto para ti. Tengo tu cara en lugar de la mía. Veo claramente cómo tu cara, que está ahí, se presenta en este Espacio que está aquí. Soy Espacio para ti. Estoy mirando desde este Ojo Único que soy aquí para mí mismo. Estoy abierto de par en par en esta gran Apertura en la que encuentro que están inmersas todas mis sensaciones, todos mis pensamientos, y tú».

¿Os dais cuenta de lo que estoy haciendo? Le estoy diciendo a otra persona quién soy. Se lo estoy comunicando directamente a Chris, a esta persona que tengo a mi lado; es muy distinto a expresarlo de forma abstracta al aire, a nadie en particular. «Chris, justo aquí, donde yo soy, tengo tu cara. Estoy vacío para acogerte a ti».

Ahora me voy a poner en la piel de Chris y voy a describir cómo es desde su propio punto de vista. Con unas pocas frases es suficiente. «Chris, desde tu punto de vista no puedes ver ahí tu propia cara; la forma en la que estás diseñado hace que estés completamente Abierto para Richard, para mí. Ahí, justo donde estás, estás Vacío. (Puedo usar gestos, puedo usar mis manos para atraer la atención de Chris hacia este Espacio que él es ahí). Estás abierto de par en par, tu Ojo es Único, lo incluyes todo. Ahí, toda tu experiencia está flotando en la Nada. Ahora tú eres Espacio para mí. Ahí donde tú estás hay una Quietud total».

Muy bien, ahora es tu turno, Chris. Así es que primero describes tu propia experiencia.

Chris: Richard, estoy completamente Abierto para ti. Soy Espacio para tu cara. Estoy total y absolutamente abierto, como un espejo.

Richard: Fantástico. Ahora ponte en mi lugar.

Chris: Richard, tú estás completamente Abierto para mí. Eres Espacio, eres una No-cosa llena de Chris.

Richard: Gracias. Perfecto. Muy bien, colocaros en parejas y decidid quién va a hacer de A y quién de B. La idea de este ejercicio es ayudarnos mutuamente a ser conscientes de quién somos. Cuando te pongas en la piel de la otra persona simplemente tienes que describir cómo es su Visión.

Sentir que nos ven como lo que de verdad somos

Cuando alguien te describa cómo es ser quien realmente eres, date cuenta de lo que ocurre al recibir sus palabras. Voy a hacer el experimento con John. John, ahora me voy a poner en tu piel y me voy a imaginar cómo es ser tú. Me gustaría que te fijases en si sientes que te estoy viendo como quién eres de verdad o no. ¿De acuerdo?

Así es que me pongo en tu lugar. «Ahí, no tienes cabeza, eres pura Apertura, no tienes límites, eres inmenso, continúas eternamente sin tener ningún fin. Tan solo hay una única Visión ahí, que en este momento está llena no solo con Richard sino también con tus sensaciones y con todos los sonidos que se están produciendo en este Espacio».

Bien, ¿sientes que te estoy viendo tal y como eres realmente?

John: Es increíble. Es fantástico. En serio, es absolutamente maravilloso. Es algo realmente profundo. Simplemente, ¡me acabas de abrir! Ha sido genial. Me has descrito mi Verdadera Naturaleza y estabas viendo esa Verdadera Naturaleza como mi verdadero potencial. Me lo acabas de servir en bandeja. He sentido que me estabas ofreciendo la verdad. Y, además, lo has presentado como un hecho, como una realidad, lo que hace que sea difícil de rebatir. Eso es realmente hermoso. Muchísimas gracias.

Llevar la empatía un paso más allá

Peter: Entiendo perfectamente el poder y el valor de expresarlo externamente, pero si, por ejemplo me encuentro contigo en la calle, o tomando un café con alguien a quien apenas conozco, ¿por qué tendría que decirle a esa persona que no tiene cabeza?

Richard: Bueno, ya estás comunicando constantemente a los demás quién son a nivel humano. Si nos encontramos en la calle, no te limitarías a hablar tan solo de ti mismo, sino que también, al menos hasta cierto punto, te estarías poniendo en mi piel y pensarías y sentirías por mí. Incluso cuando me dices cosas como que tengo buen aspecto o que parezco cansado, en cierto modo te estás situando en mi lugar y sintiendo por mí. Así es que, lo cierto es que es algo que ya hacemos. Estamos siempre yendo y viniendo alternativamente entre nuestro propio punto de vista y el de la otra persona. Cuando empatizamos con alguien lo que hacemos es ver las cosas desde su propio punto de vista. Normalmente empatizamos a nivel humano y cuando alguien empatiza de verdad con nosotros sentimos que nos ven, que nos entienden y que nos aprecian. Hacer esto resulta muy positivo. Afecta al modo en el que nos vemos a nosotros mismos. La mayoría de nosotros somos bastante buenos haciendo esto. En este ejercicio estamos llevando esa empatía un paso más allá. En otras palabras, ahora no me limito a empatizar con lo que supone ser tú en términos de lo que piensas, lo que sientes, etc., sino que también estoy empatizando contigo en lo que respecta a que tú eres Espacio para el mundo. Tú eres Capacidad para el mundo, incluyendo también en esa Capacidad lo que piensas y lo que sientes. Normalmente no hablamos de este aspecto de los demás. Pero, cuando lo hacemos, les estamos reflejando lo que son realmente.

Peter: Sin embargo puede ser que la otra persona no quiera escucharnos.

Richard: Sí, pero ahora estamos en un grupo en el que la gente sí que está abierta y dispuesta a escucharnos.

Dale: Por lo que he podido entender, creo que Peter ser refiere a hablar de esto con la gente que nos encontramos en nuestra vida diaria.

Richard: Ah, no. Eso es algo que no os recomendaría en absoluto.

Dale: Está bien que lo aclares.

Richard: No estoy sugiriendo eso. Está claro que la otra persona también tiene que estar interesada en escuchar esto. No es bueno ir por ahí imponiendo esto a los demás. Pero digamos que yo soy la otra persona y que tú sabes que yo estoy interesado en esto y que me has hablado de tu experiencia, de lo que es para ti no tener cabeza. Una vez que has terminado, nada te impide decirme: «Por cierto, tú eres igual que yo, estás en la misma condición. Tú también estás hecho para estar completamente Abierto para el mundo». Por decirlo con otras palabras, no te limitas solamente a decirme quién eres *tú* realmente, sino que también reflejas sobre mí que *yo* también soy este Espacio Abierto. Ahora, en esta sala, estamos entre amigos, así que no hay ningún problema por hacerlo así. Aquí todos habéis venido para experimentar lo que sois de verdad. Así es que yo soy libre de deciros a cada uno de vosotros: «Tú también eres pura Apertura. Tú también eres Espacio para los demás». Decirle esto a alguien es algo profundo y hermoso. ¿Por qué conformarnos tan solo con nuestra humanidad? ¿Por qué limitarnos a un intercambio de puntos de vista sobre lo que somos como personas, como entidades separadas, cuando también conocemos lo que somos realmente? Esta es una invitación a comunicar quién somos de verdad, además de transmitir también nuestro aspecto humano, como solemos hacer siempre. Por supuesto, de ningún modo estoy diciendo que haya obligación alguna de hacer esto. Cada uno tiene que encontrar su camino y hacer lo que sienta que es lo adecuado para él. Cuando me miras —ahora podéis hacer el ejercicio conmigo— puedes darte cuenta de que no tienes cabeza y de que eres puro espacio para Richard, ¿verdad?

Peter: Sí. Pero lo que no acabo de entender es la idea de que esta escena ilimitada que hay justo frente a mí también es yo, el hecho de que yo también sea eso.

Richard: Creo que es algo que nunca llegaremos a comprender

realmente, pero podemos zambullirnos en la experiencia.

Peter: Muy bien. Eso me gusta. Y tú, al igual que yo, tampoco tienes cabeza. Tú me tienes a mí como parte de tu Espacio. ¡Y yo estoy en tu cabeza! ¡En tu No-cabeza!

Richard: Yo estoy en ti, tú estás en mí. Yo soy tú, tú eres yo.

Roger: En lo que respecta a mi propia experiencia estoy seguro al cien por cien de esto, pero cuando digo que tú también eres así, que tú también careces de cabeza ahí... Yo lo experimento directamente aquí, donde estoy, pero no lo experimento directamente ahí, donde estás tú. En realidad estoy suponiendo que tú también eres Espacio. Quizá, como tú mismo decías antes en el experimento de las pegatinas, podría decir que estoy seguro al noventa y nueve por ciento de que tú también eres Espacio.

Richard: Sí. Entiendo lo que quieres decir. Tú puedes estar seguro al noventa y nueve por ciento de que no tengo cabeza, y yo puedo estar seguro al noventa y nueve por ciento de que tú no tienes cabeza. Pero ahora piensa en ello en términos del sentido del oído, de lo que oyes. A la vez que te estoy mirando también me estoy escuchando a mí mismo hablando. No puedo verme la boca, así que, desde mi propio punto de vista, mi voz no sale de mi boca sino de la Nada. Mis palabras están surgiendo de este Silencio que hay aquí. Cuando tú hablas, tu voz también aparece en este mismo Silencio. Es como si, por una parte, la voz de Roger estuviese por ahí y la de Richard por aquí, pero, por otra, las dos voces están teniendo lugar en esta Única Consciencia. Yo soy esta Consciencia Una, así que estoy hablando con dos voces. Y de eso, de que nuestras dos voces están apareciendo en una única Consciencia, puedo estar seguro al cien por cien. ¿Es esto cierto también según tu propia experiencia?

Roger: Sí, las experimento aquí.

Richard: Sí, todo está aquí, en una única Consciencia, ¿verdad?

Roger: Sí.

Richard: ¿Alguien más quiere probar? «Yo no tengo cabeza; soy espacio para ti. Tú no tienes cabeza; eres espacio para mí». Podéis improvisar lo que queráis sobre ese tema.

George: Yo soy Espacio abierto para ti, para tu rostro, para tu apariencia. Y tú eres Consciencia abierta, Espacio abierto para mi apariencia.

Namaste

Richard: Esto supone una forma realmente profunda de apreciar y honrar a los demás. Ahora no los aprecias únicamente como cosas, sino que puedes apreciarlos también como Espacio para todos los demás. Es poner la Realidad en primer plano, darle la importancia que realmente tiene. Todos los que estáis aquí sois Espacio para los demás. Esto es reconocer quién somos realmente. Es reconocer que yo soy tú y que tú eres yo. La gente de la India se saluda juntando las palmas de las manos en el pecho y diciendo «namaste», que significa: «Reconozco y venero al Uno que hay en ti. El Uno que hay en ti es el mismo Uno que hay en mí. Nosotros dos somos Uno». Y esto es exactamente lo que estamos haciendo aquí; yo estoy reconociendo y honrando el hecho de que lo que yo soy aquí es Espacio para ti y que lo que tú eres ahí es Espacio para mí. Ese que es Espacio para los demás es el Uno. Reconocer esto es respetar verdaderamente tanto a los demás como a ti mismo. Lo cierto es que no puedo imaginar un respeto y un reconocimiento mayor hacia alguien que el hecho de reconocer lo que son verdaderamente. Esta es la verdad sobre nosotros. Pero la sociedad aun no ha despertado a esta verdad, a esta realidad. No es soñar, no es una mera ilusión, no es un simple deseo, no es simplemente unirse a un club de individuos que creen ser el Uno. No se trata de nada de eso. Lo mires como lo mires, de cualquier forma que lo analices, tú eres el Uno y todos los demás también lo son. Te guste o no, es así, es la verdad. Y es una verdad fantástica. Es la mejor noticia del mundo. No necesitas que nadie más la confirme, sino que puedes verla por ti mismo.

Ver quién eres realmente es algo extremadamente curativo y reparador. Es sanarte a ti mismo, pero no puedes separar este efecto de la gente con la que estás, por lo que, en realidad, es sanación para todos. Cuando eres consciente de tu Verdadero Yo también eres consciente de él *en los demás* y *como los demás*, porque no puedes ver quién eres realmente sin incluir a los demás. Todo el mundo está dentro de ti. Ahora estás Viendo, pero no como una persona sino como el Uno —el Uno que es todos—. Estás Viendo como todos los demás y por todos los demás. Cuando ves quién eres realmente, eres el Uno despertando a sí mismo —ese Uno que está en el interior de todos los seres—.

Como los votos matrimoniales

El año pasado di un taller en un congreso que tuvo lugar en California. Llevamos a cabo este mismo proceso pero sentados todos juntos en círculo en lugar de dividirnos en parejas. Cada persona elegía a otra persona del círculo y hacía el ejercicio con ella: «Yo soy espacio para ti y tú eres espacio para mí, etc.». Al finalizar el taller un hombre se acercó a hablar conmigo. Era un sacerdote budista. Me dijo que ver a la gente hablarse de este modo unos a otros le había conmovido especialmente. Hacer este ejercicio en círculo supone que todos pueden presenciar cómo las dos personas de cada pareja se hablan la una a la otra. De esta forma todos participan, todos están involucrados al ser testigos de lo que está ocurriendo, al observar a dos personas comunicándose mutuamente quién son verdaderamente. El sacerdote me comentó que cuando la gente hacía esto sentía que se estaban bendiciendo los unos a los otros. Entendí a qué se refería; ciertamente se siente como una bendición. No hay bendición más profunda que cuando yo te digo: «Ahora mismo, tú estás abierto de par en par para mí, eres Espacio para mí y para todo lo demás». Cuando alguien te habla sobre tu propia Apertura, cuando alguien la señala, la celebra, ¿no sientes que te están viendo como lo que realmente eres? «¡Ahí, eres transparente! ¡Ahí estás completamente Abierto!». Es hermoso cuando nos ven así, ¿verdad? Es como recibir una bendición.

Este hombre también me dijo: «Como sacerdote budista una de mis funciones es casar a la gente, y para mí escuchar a la gente hablarse los unos a los otros de esta manera ¡ha sido como escucharles pronunciar los votos matrimoniales!». Sabía perfectamente a qué se estaba refiriendo. Esta es la declaración de amor más profunda que se le puede hacer a otra persona. «Yo estoy en ti y tú estás en mí». Es como un voto matrimonial porque estás declarando en público tu conexión profunda con esa persona, tu identidad con ella.

Este mismo año llevé a cabo esta misma dinámica con un grupo en Dublín. Se trataba de un programa de formación para personas laicas que se estaba llevando a cabo en una universidad católica. El grupo se reunía regularmente, por lo que se conocían bien entre ellos. Me invitaron a compartir con ellos una mañana para mostrarles los experimentos. Les conté la historia del sacerdote budista y lo que me comentó sobre que este intercambio era muy similar a pronunciar los votos matrimoniales. Después comenzamos con el experimento. Hubo un par de personas, George y Linda, que se ofrecieron voluntarias para comenzar. George dijo que empezaría él —Linda estaba sentada en el otro extremo del círculo—. Así es que George miró a Linda (ya eran amigos de antes) y le dijo: «Linda, yo soy Espacio para ti, soy Capacidad para ti, estoy absolutamente abierto para ti. Estoy siendo tú ahora mismo. Y tú también eres yo. Tú eres Espacio para mí». Y Linda respondió: «¡Sí quiero, sí quiero!». Realmente había captado la idea de que esto era como un voto matrimonial. Fue muy divertido.

La comunicación no verbal

En gran medida, la transmisión de nuestro estado de consciencia se realiza de forma no verbal —ya sea que nos encontremos en la etapa del bebé, en la del niño, la del adulto o la del veedor—. Así es que incorporar gestos no verbales a la hora de compartir el Ver puede resultar bastante efectivo. Si yo muevo mis manos así —dentro y fuera del Vacío— vosotros, ahora que ya habéis hecho algunos de los experimentos, sabéis a qué me estoy refiriendo. Ahora observad; estoy moviendo mis manos frente a mí, empezando desde el centro y alejándolas hacia los lados como si estuviese abriendo unas cortinas. Finalmente, desde mi punto de vista, mis manos desaparecen en este Espacio aquí presente. Probad a hacerlo vosotros. ¿Funciona también para vosotros? Es como abrir y limpiar completamente la escena, ¿verdad?

Brendon: Para mí no funciona.

Richard: Muy bien. Lo haré contigo. Mira hacia delante, no necesariamente hacia mí. Voy a poner mis manos frente a ti y las voy a mover como si estuviese abriendo las cortinas delante de ti, y después voy a ir moviéndolas hasta que penetren en tu Vacuidad, de forma que vamos a ir llevando tu atención hasta el Espacio abierto en el que te encuentras.

Brendon: ¡Oh, sí!

Richard: En el taller de California en el que estuvimos comunicándonos con palabras los unos a los otros la realidad de quién somos realmente, hubo una mujer que comentó que le gustaría hacer este ejercicio de forma no verbal. Decía que era una persona muy verbal, que usaba mucho las palabras, y quería ver si era capaz de comunicar su Verdadera Naturaleza a alguien más y reflejar la de esa otra persona sin utilizar palabra alguna. Miró a otro participante que se encontraba al otro lado del círculo y comenzó a hacerle gestos para indicarle que, desde su propio punto de vista, ella no tenía cabeza, que era Capacidad para la otra persona. Luego también hizo gestos para indicarle a esa otra persona que ella misma era igualmente Capacidad, que la otra persona era Espacio para ella. Después la otra persona hizo lo mismo con ella de forma no verbal. Resultó muy efectivo y conmovedor. Todos sabíamos exactamente qué era lo que se estaban comunicando.

Los sentidos no visuales

En esta forma de comunicación podemos incluir también los demás sentidos. Os lo mostraré con Steve. «Steve, ahora mismo soy pura Apertura para ti. No me limito a ver que aquí estoy vacío para ti y que tengo tu cara en lugar de la mía, sino que mis sensaciones corporales también están flotando por este Espacio, son inmensas, están por todas partes, fusionándose con las paredes de esta sala». Ahora voy a ponerme en tu lugar. «Ahí, Steve, tú no ves mi cara.

Estás totalmente abierto y estás lleno de Richard y de todo lo que está sucediendo. Pero, además de eso, tus sensaciones corporales son inmensas y están flotando ahí, en ese Espacio». ¿Te gustaría intentarlo a ti ahora? Primero habla en tu propio nombre y después ponte en mi lugar.

Steve: Me doy cuenta de que no tengo cabeza. Richard está aquí, dentro de mi Espacio. También soy consciente de que todo está ocurriendo en este Espacio: mis sensaciones, mis sentimientos, lo que oigo... Todo ello está en la misma Consciencia en la que aparece tu cabeza. Y desde tu propio punto de vista tú también careces de cabeza. Eres pura Capacidad para mí, para las sensaciones y los sonidos.

Richard: Gracias, Steve, cuando hago esto contigo, cuando te digo que me voy a poner en tu lugar y que ahí estás abierto de par en par, que estás mirando desde el Ojo Único y que tu Espacio Abierto está lleno de pensamientos, de sentimientos, de sensaciones, de recuerdos y de todo lo demás, ¿no sientes que te estoy viendo, que te estoy percibiendo por lo que realmente eres?

Steve: Sí.

Margaret: Es maravilloso que esto esté pasando aquí, en esta sala. Nos has ido guiando para reconocer y compartir estas cosas. Todos los sonidos surgen de ese único Espacio. Múltiples voces en una Única Consciencia. Está todo ahí; todos experimentamos nuestras sensaciones en ese Espacio Único.

Richard: Es verdad, ¿no creéis? Estamos hechos de tal forma que estamos completamente abiertos para los demás, para el mundo, para las estrellas.

Hablar por los demás

En otro taller que hice hubo un participante que llegó una hora tarde. En cinco minutos le pusimos más o menos al día respecto a todo esto de ver quién es realmente. Después, ya hacia el final del taller, realizamos este experimento de escoger a otra persona y establecer con ella una comunicación sobre no tener cabeza.

Entonces este chico comentó que le gustaría intentarlo. Yo le contesté que no había ningún problema. Me dijo que no quería hacer el ejercicio tan solo con una única persona, sino que quería hacerlo con todas a la vez. Lo primero que me pasó por la cabeza fue: «Oh, no es así como se supone que hay que hacerlo. Tienes que hacerlo solo con una persona». Pero después pensé: «Bueno, simplemente relájate y veamos que pasa». Comenzó diciéndole a todo el grupo: «En lugar de cabeza os tengo a todos vosotros, todos estáis en mí. Y todos vosotros tampoco tenéis cabeza; me tenéis a mí». Se dirigía a todos. Entonces, todos los demás del grupo le respondieron: «Nosotros, en lugar de cabeza, te tenemos a ti. Y tú tampoco tienes cabeza; nos tienes a nosotros». De este modo pusieron en palabras el hecho de que cuando descubres quién eres realmente entonces descubres también quién son todos los demás en realidad. Una vez que esto ocurre, puedes hablar por los demás —como los demás—. «Todos somos Espacio para los demás». Es una forma profundamente distinta de relacionarse de la que estamos acostumbrados, ¿verdad? Ya no se trata tan solo que vernos como separados los unos de los otros. Aunque nuestro yo separado es real y hay que respetar también esa realidad. Yo soy consciente de que estamos separados en el sentido de que sé que no experimento tus pensamientos ni tus sentimientos. Todo eso es cierto. Pero esto también lo es: «Yo soy Espacio para ti y tú eres Espacio para mí. Yo estoy en ti y tú estás en mí». ¿De verdad voy a pasar por alto o ignorar ese aspecto de nuestra relación? ¿Voy a ignorar el hecho de que tú estás en mí y yo estoy en ti? ¡Ojalá que no!

No es una experiencia cumbre

Steve: La verdad que me ha impactado y afectado mucho lo que has hecho hace un rato con John, porque su respuesta ha sido asombrosa. Te ha dicho que para él ha sido increíble, que algo sensacional había ocurrido. Bueno, yo esperaba que a mí me ocurriese algo similar. Pero creo que después de escuchar a todos los demás ahora lo tengo un poco más claro.

Richard: ¿Qué parte de la conversación posterior es la que te ha ayudado a aclarar las cosas?

Steve: Bueno, escuchar las diferentes experiencias de los demás, la variedad de respuestas posibles, es lo que me ha confirmado que no tengo que tener ninguna experiencia en particular, que no hay nada que conseguir, que se trata simplemente de reconocer que la realidad es así. No tengo ningún problema a la hora de reconocer la verdad de todo esto, pero ¡esperaba llegar a la iluminación!

Richard: Por lo que dices parece claro que ahora diferencias entre lo que es la experiencia en sí de quién eres realmente de las diferentes reacciones que cada uno tenemos ante ella. Está muy bien. Para todos hay una cierta curva de aprendizaje. Tendemos a pensar: «Esa persona lo ha pillado y yo no». ¡No, no es así! Los demás simplemente están teniendo su propia experiencia, que siempre va a ser distinta de la tuya. Además, su experiencia va cambiando. Por ejemplo, John, la experiencia que tuviste, tu reacción en ese momento, ahora ya ha cambiado, ¿no es cierto? ¿Crees que ahora mismo tus sensaciones son diferentes de las que tuviste cuando tuvimos esa interacción entre nosotros?

John: Sí, han cambiado. Un poco.

Dale: Por eso en la tradición zen distinguimos claramente lo que son los productos secundarios, que pueden provocarnos una gran alegría o un gran temor —pueden ir en muchas direcciones diferentes—. Me gusta especialmente la expresión «presencia incondicional», porque subraya el aspecto neutral que esto tiene. Todas esas experiencias, tanto si son de alegría y euforia como si son de temor y miedo, siempre aparecen en el mismo Espacio abierto que los contempla a todos por igual. Ahí está siempre presente esta imparcialidad, esta igualdad respecto a todo, el equilibrio, la paz, la ecuanimidad que siempre está ahí como una realidad natural. Esto tiene plena capacidad para permitir que su expresión plena vaya en cualquier dirección, que se expanda o se contraiga. A veces la gente tiene experiencias cumbre repentinas, pero después no cabe duda de que, cuando se despiertan al día siguiente, ya la han perdido. Sin embargo, esto no se puede perder nunca.

John: Sí. Ahora mismo me encuentro eufórico y feliz, pero la verdad es que no puedo estar de otra manera.

Richard: ¡No hay ningún problema en sentirse así!

Dale: Tan solo estamos estableciendo una diferenciación clara entre aquello que viene y va —las sensaciones— y la Realidad en sí.

Richard: La experiencia es no verbal y, por eso mismo, hay muchas formas de pensar en ella y de reaccionar ante ella. A medida que uno continúa manteniendo esta experiencia neutral y no verbal, se van desarrollando y desplegando nuevas maneras de comprenderlo. No tendréis una comprensión total en un solo día. Además, lo que llega hoy mañana se va. Sin embargo, lo que permanece es la experiencia neutral. Es un poco como si estuviéramos en un globo y a veces subiéramos mucho y otras nos acercásemos al suelo. El suelo está siempre ahí, pero nuestra conciencia y nuestros sentimientos al respecto siempre están cambiando. En cierto momento podrías pensar: «Oh, es genial. Ahora estoy en lo más alto de mi paseo en globo, y estar en lo más alto es la Realidad». Pero después desciendes, por lo que crees que dejas de experimentar la Realidad. Pero no; la Realidad es el suelo que siempre está ahí a tus pies, en la base, por debajo de todos esos sentimientos que siempre están subiendo y bajando. Sigues teniendo estas oleadas de comprensión, de sensaciones y de apertura, pero ahora ya eres consciente de la experiencia neutral que subyace en todos estos estados mentales cambiantes —esta Realidad neutral a la que tienes acceso siempre que quieras, en cualquier momento—. Si la Realidad fuese estar en lo alto del paseo en globo entonces no podrías tener acceso a ella cuando quisieras, pero puesto que es el terreno que está por debajo de todo, el Terreno del Ser, esta Nada sin adornos que siempre está disponible sin importar cuáles sean tus sentimientos —recuerda que nunca puedes ver tu propia cabeza— puedes tener acceso a ella siempre que así lo desees. Es neutral, es gratuita, y es la misma para todos.

Andrew: Uno no puede ser Espacio para el Espacio de los demás, porque tan solo hay un Espacio.
Richard: Sí. Es una buena forma de decirlo.
Andrew: Me pregunto si este Espacio...
Richard: No te voy a contestar, porque no me necesitas a mí para saber la respuesta. Tan solo digo que me resulta interesante escucharte describirlo de ese modo. Abre las puertas a una nueva forma de ver las cosas.

Capítulo 21
Un relato sobre la Creación

El desarrollo por el que vamos pasando a través de las cuatro etapas del bebé, el niño, el adulto y el veedor se puede ver como si fuese una especie de mito creacional, una historia sobre la Creación. Esta es mi propia versión de este relato.
En el principio era el Uno. El Uno eres tú —tan solo tienes un Ojo Único—. Solo una Visión, solo un campo de sensaciones, solo un campo de pensamientos. Tú eres el Uno, y esta historia trata de ti mismo.
En el principio era el Uno.
Antes del principio no había nada. Es algo que no puedes imaginar, porque si imagina una nada, entonces ya estás imaginando algo, por lo que deja de ser nada. Pero esto es una historia y, en las historias, podemos imaginarnos lo imposible. Así es que antes del principio no había nada, tan solo la infinita noche oscura del no-ser.

¡Bum! ¡Has ocurrido!
Y entonces, ¡Bum! Ocurres. Sucedes. Dios llega a la existencia. Puedes imaginarte a Dios del modo que más te guste. Yo voy a imaginármelo como un anciano con barba (sí, ya lo sé, ¡soy muy convencional!) pero, por favor, siéntete libre de elaborar tu propia imagen de él —recuerda que esto es una historia—. Así es que en un momento no hay nada y al momento siguiente ahí está Dios, apareciendo milagrosamente de la nada —de menos que nada—.
Puedes imaginarte a Dios absolutamente asombrado. «¿De dónde vengo? ¿De dónde he salido? ¡Simplemente he surgido de la nada, de ningún sitio! ¿Cómo lo he hecho? ¡He conseguido llegar a Ser! ¡Eso es imposible! ¡Es pura magia!».
Tú eres el Uno. Esta historia es sobre *ti mismo*. Se trata de *tu* propio asombro ante *tu* existencia, ante *tu* propia autocreación. «Esto es increíble. No puedo explicarme a mí mismo. ¡Soy! ¡Qué sorprendente es Ser! No tengo ni idea de cómo he llegado a Ser,

pero lo he hecho. ¡Me he concebido a mí mismo! Nadie ha hecho nunca antes nada parecido. ¡Yo solo he conseguido Ser!».

Estás pasmado, conmocionado. No puedes sobreponerte al asombro que te causa el hecho de que hayas sucedido, así, sin ayuda, sin planearlo, ¡sin nada en absoluto! Te pellizcas para asegurarte de que no estás soñando...

Tu propia existencia es una sorpresa y un misterio para ti.

Te dices a ti mismo: «¡Eso ha sido algo verdaderamente inteligente! De hecho, ¡ha sido una genialidad! ¡Puro ingenio! ¡Me acabo de inventar a mí mismo a partir de nada!

Y tu siguiente pensamiento es: «Esto es tan bueno que me encantaría poder compartirlo con alguien más».

Cuando nos ocurre algo bueno es natural querer compartirlo. Pongamos por caso que consigues un nuevo empleo o que ganas un premio. Cuando compartes las buenas noticias con alguien más algo cambia, porque entonces la persona con la que lo compartes puede reflejártelo de vuelta con sus propias palabras, de manera que puedes verlo de forma diferente. Al compartir algo, el entendimiento que tienes sobre ello es mayor. Y además, así los otros también pueden celebrarlo contigo, con lo que también tu alegría es mayor.

Haber conseguido llegar a Ser es la Buena Nueva más sorprendente que puede haber, así que sencillamente es natural que quieras compartirla con alguien más. «Esto de Ser esta genial. Me encantaría poder compartir mi entusiasmo por este Ser con alguien más».

Pero, por supuesto, no hay nadie con quien puedas compartirlo porque ¡tú eres el único que es! Eres el Único, el Solitario, el Uno Incomparable, el «uno sin segundo». Tan solo tú has conseguido llegar a Ser.

Así es que te sientes frustrado por no poder compartir tu alegría. Y también te sientes solo. (¡Es una historia!)

«¡Qué bueno sería tener un amigo con quien poder compartir mi asombro, mi emoción, mi alegría!». Estás tan aburrido. «Me encantaría poder embarcarme en una aventura, hacer un viaje, pero no hay ningún lugar al que ir —no hay nada fuera de Mí, no hay ningún otro lugar que no sea aquí. Si existieran otros lugares, entonces podría visitarlos, ver cosas nuevas, arriesgarme un poco y sentir la emoción de la aventura. Me gusta la seguridad del Ser, pero también me gustaría sentir la emoción y la excitación de una aventura».

No tienes lugar alguno al que ir ni absolutamente nada que hacer, tan solo Ser, Ser, Ser. Es siempre lo mismo. Sin cambio, sin tiempo, sin un pasado que poder recordar, sin un futuro que esperar, sin «otros» con los que poder ir de aventuras a «otros lugares».

Primera etapa – El bebé

¡Vaya historia! Es una historia que trata sobre ti, sobre quién eres realmente. El comienzo de esta narración está relacionado con el comienzo de tu vida. Cuando eras un bebé aún no sabías nada de los «otros». No habías desarrollado aún en absoluto ninguna idea sobre la existencia de otras mentes. Ni tampoco tenías idea alguna sobre otros lugares. Tu mundo se reducía únicamente a lo que aparecía en tu Ojo, nada más. Tampoco tenías aún ninguna idea sobre el tiempo —cosas como el pasado o el futuro aún no se te habían ocurrido—. Tan solo había el ahora. Por decirlo simplemente, tan solo había una Consciencia, tan solo el aquí, tan solo el ahora. En esta primera etapa eras el Uno del que hablo en esta historia, el Uno sin segundo, sin otros lugares, sin otro tiempo.

Tú como el Uno no te conocías realmente a ti mismo, porque no tenías absolutamente nada con lo que poder compararte. Como bebé, no te limitas tan solo a no saber nada de ti mismo o de los demás como personas, sino que, además, tampoco tienes ni idea de que eres el Uno. Eres el Uno sin saber que lo eres. Por supuesto, careciendo aún de lenguaje, ni siquiera puedes pensar en todo esto.

En esta historia, se te ocurre una solución a tu falta de amigos y de aventura, y también para tu propia ignorancia respecto a quién eres realmente. Tu respuesta consiste en crear al yo y a los otros, el espacio y el tiempo. De esta manera puede haber otros con los que compartir tu alegría, lugares a los que poder viajar y un tiempo en el que poder hacer tales cosas. Además, la capacidad para olvidarte de ti mismo al crear todo esto significa que también podrás regresar a ello y conocerte a ti mismo de una forma completamente nueva. Pero, ¿cómo vas a ser capaz de crear todo esto a partir de la nada? Parece imposible. No tienes ni idea de cómo puedes hacerlo. Pero te das cuenta de que como el Uno ya has conseguido una cosa imposible, ¡Ser! Y dos cosas imposibles no son más imposibles que una. Así es que creas el yo, los otros, el espacio y el tiempo.

Segunda etapa – El niño

Sin embargo, al principio el yo y los otros no te parecen demasiado reales. Son como siluetas recortadas en cartón, como simples «imágenes en la consciencia». No tienen una realidad independiente por sí mismas. Y como no son reales, no satisfacen de verdad tu necesidad de relacionarte —una persona real aquí que se relacione con otras personas reales ahí—. Este momento de la historia se corresponde a la segunda etapa del niño, cuando estás empezando a aprender que eres «ese que aparece en el espejo», que hay otros, que existe un mundo que está separado de ti y también que existe el tiempo. No obstante, aún no has incorporado todo esto en ti como una realidad. Lo que quieres es un yo real y otros con los que poder ir de aventuras, pero, en esta etapa el yo y los otros no son más reales que los personajes de un videojuego. Si pierdes tu «avatar», tu «héroe» del juego, o a uno de tus amigos, realmente no importa porque no son reales. Es como ver una película pero siendo consciente de que eres el espectador, de manera que no estás realmente metido en ella. No sientes que lo que está sucediendo en la película sea real. En un videojuego puedes saltar a la carretera y ponerte delante de un autobús simplemente por diversión, porque sabes que en realidad no puedes morir. Pero, después de un tiempo, ¿qué hay de divertido en eso? Recordad el juego de las pegatinas que hemos hecho antes. Si lo consideras como «tan solo un juego» entonces no te importa realmente lo que ocurra en él. Da igual si tienes o no razón respecto a ti mismo y a los demás, porque «tan solo es un juego». Pero, tal y como alguien señaló, si nos identificamos con la pegatina que tenemos en la frente, entonces el juego deja de ser tan solo un juego, entonces sí que nos importa lo que suceda.

En esta historia te das cuenta de que para que los otros y el mundo sean reales, convincentes, para que puedan conmoverte de verdad, tienes que olvidarte de que eres Dios y convertirte en uno de los personajes —de la película, de la historia, de la vida—. Olvidarte de que eres Dios e identificarte con tu apariencia significa tomarte a ti mismo en serio como persona y, por lo tanto, tomar también a los otros en serio.

En este punto del relato, antes de que te identifiques totalmente con «ese del espejo», haces una pausa y te preguntas: «¿Hay alguna garantía de que vaya a ser capaz de recordar que soy Dios en el futuro?». Te das cuenta de que no; no hay ninguna garantía, ninguna seguridad. Puede que no vuelvas a recordarlo nunca jamás. Te sientes nervioso por lo que podría pasar y decides dar un paso atrás y no convertirte en una persona. Esto corresponde al momento de la infancia en el que vuelves atrás y te comportas de nuevo como un bebé. Es más seguro ser el Uno, soñar plácidamente en la burbuja de la Unidad, así es que te retiras del «mundo real», de los «otros reales» y abandonas toda responsabilidad de ser un «yo» separado.

Pero no pasa mucho tiempo —en la historia— hasta que tú, Dios, te das cuenta de que realmente no quieres quedarte ahí envuelto en tu capullo, en la predecible seguridad y soledad del Uno. Lo que quieres de verdad es aventura, compañía. Comprendes que la única manera de avanzar es olvidarte de que eres Dios y convertirte en una persona en un mundo con otras personas reales, incluso aunque para ello tengas que asumir el riesgo de que quizá nunca vuelvas a recordar quién eres realmente.

Ya no recuerdo los detalles exactos de aquella escena de la película *The Matrix*, pero creo que Morfeo le decía a Neo que tenía que elegir; si elegía la píldora azul entonces seguiría en la Matrix, en el sueño, pero si elegía la roja entonces se despertaría a la realidad. Cuando estás en la Matrix no sabes que estás soñando, te crees que es la realidad. No lo recuerdo bien, pero creo que era algo así. En esta historia creacional, el momento en el que te conviertes en una persona es el momento en el que te sumerges en el sueño. Si eliges convertirte en una persona y olvidarte de que eres Dios, también olvidas que es esto lo que has elegido. Te olvidas por completo de que no es «real».

Así es que puede intimidarte y asustarte tomar una decisión tan importante. Sin embargo, después de pasar un tiempo sin acabar de decidirte, llega un momento en el que te convences de que merece la pena lanzarse, porque no quieres seguir sintiéndote así de solo y aburrido. Piensas: «Voy a correr el riesgo de olvidarme de que soy Dios y convertirme en una persona en este juego increíble que he creado, el juego de la vida. Soy consciente de que si me convierto en una persona, entonces el juego dejará de ser un juego porque pasará a ser el único juego disponible, el único relato que exista. Será real. Pero, pese a todo, voy a asumir este riesgo y voy a dar el salto de convertirme en una persona».

Así que saltas.

Todos hemos tomado esa decisión. No es una decisión consciente, pero todos la hemos tomado. Todos hemos saltado. Todos nos hemos convertido en «ese que aparece en el espejo».

Tercera etapa – El adulto

En la tercera etapa sigues siendo Dios pero eres inconsciente de que lo eres. Eres Dios total y absolutamente convencido de ser una persona en la sociedad. Ya no te consideras para nada un personaje de un juego de ordenador que puedas lanzar frente al autobús que pasa por la carretera. Eres real. Ahora lo que te ocurra a ti y a los demás importa de verdad. Ya no puedes ser un tren, un pájaro o un monstruo; ahora eres una persona. En esta etapa, la idea de ser algo que no sea una persona no es más que una ilusión, por lo que la idea de ser Dios no es tan solo estúpida y loca, sino que, además, es una blasfemia. Tú eres un ser humano que nació y que morirá. Eso es lo que eres. Ahora eres profundamente inconsciente de tu

Verdadero Yo. Esta etapa se ve reflejada en esos cuentos de hadas en los que el héroe o la heroína está bajo los efectos de un hechizo. Como adultos estamos embrujados, encantados, bajo la profunda ilusión de que somos nuestra apariencia. Dios se mira en el espejo y está convencido de que es ese de ahí, de que está metido dentro de ese cuerpo y que los demás son seres separados igual que él. Te miras al espejo y estás totalmente convencido de que eres tu apariencia. No tienes ni idea de que el que está mirando es Dios, de que tú, ese que está mirando, es verdaderamente Dios.

A medida que vamos creciendo aprendemos que el mundo, el tiempo y los demás siempre han estado ahí, aunque simplemente no éramos conscientes aún de ello. Pero mi experiencia ha sido que en el principio de mi vida no estaban ahí en absoluto. Con el transcurso de los meses y los años todas estas cosas fueron apareciendo en mi Consciencia —los Muchos surgieron del Uno, de Mí—. Yo como el Uno florecí en Muchos. Yo como el Uno creé al yo y a los otros, el mundo y el tiempo. Y luego, durante la etapa adulta, ¡negué completamente que lo hubiese hecho! Lo que hice fue renegar de mi propia creación. ¡Me he engañado a mí mismo!

La mayoría de nosotros creemos que la tercera etapa es el fin de la historia. La sociedad nos dice que en esto consiste la vida, que crecer es descubrir quién eres en la sociedad, hacerte más o menos responsable de ese individuo (¡cuando sea conveniente!) e intentar hacer lo mejor que puedas con las cartas que te han tocado en la vida. Pero en algún momento puedes plantearte: «¿De verdad esto es todo lo que hay en la vida? Ya he descubierto quién soy como persona, pero, ¿esto es todo? ¿Es esto lo mejor que puede haber?».

Existe una cuarta etapa —una etapa que está totalmente oculta para nosotros cuando nos encontramos en la tercera—. La cuarta etapa consiste en volver a despertar a quién eres realmente. Si tienes suerte, es posible que leas o que oigas hablar sobre esta cuarta etapa. Puede que escuches rumores que dicen que hay más de lo que te han dicho que hay, que no eres únicamente «ese tipo del espejo». Lo que estamos haciendo en este taller es comprobar si esos rumores son ciertos. Desde el punto de vista de quién eres realmente, eres Dios tomando la decisión de examinarte a ti mismo nuevamente. Consciente de que puedes haberte equivocado respecto a lo que consideras que eres, decides cuestionar la forma en la que te ves a ti mismo —la forma en la que la sociedad te dice que debes verte a ti mismo—.

Cuarta etapa – El veedor

Como digo, asumiste el riesgo de no volver nunca a redescubrir quién eres realmente. O, al menos, eso es lo que parece. Ahora descubres que en realidad fuiste dejando pistas sobre tu Verdadera Naturaleza esparcidas por todas partes.

William: Miguitas de pan.

Richard: Sí. Aquí tenemos una de esas pistas, una de esas señales que has ido dejándote a ti mismo; vuelve a apuntar a lugar en el que los demás ven tu cara. Con un poco de suerte, puede que hoy mismo seas capaz de poner este recordatorio en su lugar y darte cuenta de tu Verdadero Yo. Ahora que eres consciente de ser el Uno, ¿te olvidas de que eres una persona? No. ¿Vuelves atrás a la etapa en la que considerabas a los demás como meras «imágenes en la consciencia»? No. Eres el Uno, pero al mismo tiempo piensas, sientes y actúas con cada fibra de tu ser como si tanto tú como los demás fueseis personas reales.

Ahora ya tienes lo que querías al principio, porque lo que deseabas era tener amigos reales con los que compartir la alegría y la emoción de Ser y con los que poder embarcarte en aventuras. Aquí lo tienes. Aquí, en este taller, tienes a otras personas reales con las que estás pasando el día entero explorando cómo es ser el Uno. Estas otras personas te reflejan lo que es ser el Uno en todo tipo de formas que a ti nunca se te hubiesen ocurrido por ti mismo. ¿No es una genialidad? Haber despertado a tu realidad como Uno pero con todo el mundo de acuerdo y conforme sobre ello hubiese resultado un ejercicio bastante insustancial, ¿no creéis? No te inventaste todo este mundo increíble tan solo para que todos estén de acuerdo y digan lo mismo. No. Lo que querías era un espectro de reacciones tan amplio como fuese posible. Pues aquí lo tienes; todos son diferentes, cada uno está expresando lo que es ser el Uno a su propio y único modo. Al principio de la historia estabas aburrido, querías partir en busca de aventuras. Pero tener una aventura significa que has de tener algún lugar al que ir. Aunque ahora mismo no puedas verla, aceptas sin reservas que hay otra sala al otro lado de esa puerta que ves ahí. Y aunque tan solo estás oyendo un ladrido y no puedes ver al perro, aceptas totalmente que no es tan solo un sonido, sino que también hay un perro real ahí. Aceptamos la existencia independiente del mundo y de los otros, lo que significa que ahora hay lugares reales a los que poder ir con otras personas reales. Y también aceptamos la realidad del tiempo, del cual no sabíamos nada en la primera etapa del bebé, de modo que ahora podemos planificar cosas en el futuro y mirar hacia atrás a nuestras experiencias pasadas. Pero para que la aventura sea real tiene que haber también un componente de peligro, de riesgo, de incertidumbre y de desconocimiento —si supieras exactamente lo que va a ocurrir y no hubiese riesgo en absoluto, entonces la aventura tampoco sería posible—. Sería otra cosa... ¡Puro aburrimiento! Pero la vida no es completamente segura ni predecible. Como el Uno has creado todo este escenario tan sorprendente, esta situación que contiene riesgo y peligro y que está llena de sorpresas. Incluso con las cosas más simples no sabes exactamente qué es lo que va a pasar a continuación. Acabo de levantar la mano. ¿Alguien sabía que lo iba a hacer? ¡Yo no!

Estas cosas son las que deseábamos al comienzo de la historia. Queríamos que los otros fuesen *otros* de verdad, que no estuviesen bajo nuestro control. ¿No sería genial si todo el mundo hiciese justo lo que nosotros quisiéramos? ¡No! Estaría bien los primeros cinco minutos, nada más. ¿No sería fantástico que no hubiese ningún riesgo en absoluto en la vida? No. Cinco minutos, nada más. Sin riesgo no hay aventura.

Así es que hoy estamos explorando esta cuarta etapa, la etapa de ser el Uno *y a la vez* ser una persona. Ahora puedo mirar a Eric y tener una conversación con él sobre lo que los dos somos realmente. Puedo decirle: «¡Yo soy el Uno! ¡He sucedido! ¡Qué genialidad! ¿No crees que es asombroso ser el Uno?

Eric: Es un misterio.

Richard: Es un misterio, sí. ¡Sé lo que quieres decir!

Si te ocurre algo y lo compartes con alguien que haya tenido una experiencia similar sabes que esa persona va a entenderte mucho mejor que alguien que no la haya tenido. Así es que, en realidad, tú como el Uno quieres encontrar a otros que también sean el Uno —por muy imposible que eso pueda parecer— porque ellos sabrán lo que se siente al ser el Uno, cómo es ser el Uno. Ellos sabrán lo que es Ser. Así es que, Laurie, yo soy el Uno y he sucedido. ¡YO SOY! ¿Sabes a lo que me refiero? ¿Sabes tú también cómo es Ser?

Laurie: ¡Sí! Conozco sus orillas.

Richard: ¡Conozco sus orillas! Qué forma tan bonita de expresarlo.

¿No creéis que es una maravillosa paradoja poder hablarle a los demás sobre el Uno? El Uno es muchos, y ¡así es como puede hablarse a sí mismo sobre ser el Uno y sobre ser muchos! Es genial. Así que, ¡enhorabuena por ser el Uno! ¡El Único Uno! ¡Bien hecho! ¡Te felicito por haber llegado a Ser!

La sensación de separación, de que aquí hay un yo y ahí hay otros, no es para nada un error del que tengamos que intentar librarnos cuando vemos quién somos realmente. Al contrario; es lo que hemos deseado a lo largo de todo este periplo. Lo que anhelábamos era ser tanto el Uno como los muchos. ¿Por qué motivo íbamos a preferir volver a ser tan solo el «Uno sin segundo» cuando podemos ser el *Uno y, al mismo tiempo*, disfrutar de los otros? ¡Ahora no solo podemos hacernos con el pastel, sino que también podemos comérnoslo! Podemos estar totalmente seguros como quien realmente somos y, al mismo tiempo, experimentar la emoción de la aventura, del peligro, del riesgo.

David: Es fantástico. Nunca había escuchado a nadie relatar mi propia historia.

Richard: Sí, esta historia es la historia de tu vida. La transformación del Uno en el «Uno que es los muchos» ha tenido lugar en tu vida, en el tiempo en el que se ha desarrollado tu propia vida. Cuando eras un recién nacido eras el Uno sin saber nada acerca de ti mismo o de los demás. No hace tanto de eso. En los pocos años que llevas de vida, esta ha ido pasando por este increíble viaje de olvido, de separación de quién eres verdaderamente. Ahora que estás volviendo a despertar a ser el Uno y al hecho de que todo surge de ti, puedes decir: «Esto es lo que quería. Quería que hubiese otros para poder compartir la alegría de Ser con ellos. Mi sueño se ha hecho realidad. Mi sueño se está haciendo realidad ahora mismo. Es sorprendente».

Capítulo 22

El Gran Almacén

Por favor, colocaros en grupos de tres. Una persona del grupo —llamémosle A— se va a sentar en la silla. Esta es la persona que va a tener la experiencia de ser el Gran Almacén. La persona B se sitúa frente a A y la persona C se coloca por detrás de A. C lleva consigo una pequeña colección de objetos.

A simplemente tiene que mirar hacia delante. En este ejercicio no está involucrada la comunicación. Voy a mostraros lo que hay que hacer en este experimento. Yo voy a hacer de B, la persona que está situada delante de A.

No miro a A a los ojos, pues no me estoy comunicando con él. Soy consciente de que A está mirando desde el Espacio Abierto. Vamos a llamar a este Espacio «el Gran Almacén». El Gran Almacén es el lugar del que todo brota y al que todo regresa. Estoy mirando a A pero hago como si no estuviese mirando a una persona sino al Espacio que hay ahí, al Gran Almacén, de manera que A pueda tener la impresión de que estoy mirando directamente a su Espacio.

Ahora voy a meter la mano en el Espacio de A. Pongo mi mano dentro del Vacío de A —dentro del Gran Almacén—. Ahora vuelvo a sacar mi mano. Lo haré una vez más. Ahora mi mano desaparece en el Gran Almacén, pero esta vez voy a ver qué hay ahí dentro. Cuando meto la mano esta vez, C, que está detrás de A, me da uno de los objetos que tiene. De manera que cuando vuelvo a sacar la mano lo que hago es sacar ese objeto de ese Espacio que hay ahí desde el punto de vista de A, del Gran Almacén.

EL GRAN ALMACÉN

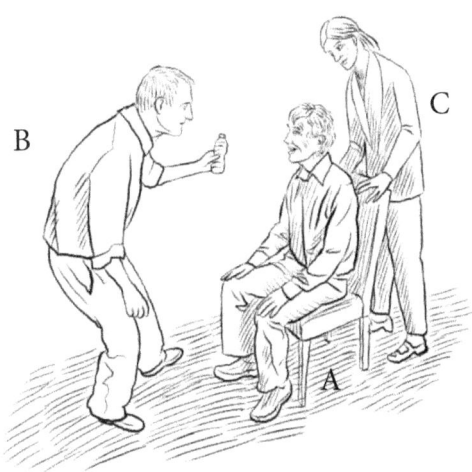

Lo que A experimenta es que ese objeto ha surgido de la Nada, del Gran Almacén. ¡Algo que aparece de la Nada! Así que podéis jugar y explorar con esta idea. Cada persona tendrá su turno para ser A, para ser el Gran Almacén.

Muy bien, pues en eso consiste el experimento.

¡Podríamos decir que todo este taller está surgiendo del Gran Almacén! ¡Magia! Todo está emergiendo de la Nada todo el tiempo. La creación está teniendo lugar constantemente. Darse cuenta de esto es vivir una vida de magia, una vida de asombro y maravilla.

Capítulo 23
El pozo del tiempo

Vamos a hacer nuevamente el gesto de apuntar en dos direcciones.

Con una mano apuntas hacia fuera, hacia la habitación. Ahora son casi las tres y diez de la tarde; lo que vemos ahí fuera es un momento en el tiempo. Comenzamos el taller a las diez de la mañana y ahora ya son casi las tres y diez. A la vez que apuntas hacia la habitación, hacia este momento en el tiempo, con la otra mano estás apuntando también de vuelta a este Espacio. ¿Qué hora es ahí?

Angela: Es atemporal.

Richard: Exacto. Es atemporal. Del mismo modo que la situación real es cara a No-cara, igualmente es también tiempo frente a No-tiempo. Cambio ahí frente a no-cambio aquí. Yo no puedo ver nada aquí que se esté moviendo, ningún cambio, ningún tiempo.

Dale: ¿Podría pedirte que hiciésemos el experimento del círculo atemporal?

Richard: Claro, lo llamamos el experimento de «el pozo del tiempo». Para realizarlo tenemos que ponernos de pie y formar de nuevo el círculo sin cabeza.

Mira hacia abajo, hacia tu cuerpo. Date cuenta de cómo surge de la Nada. Tu cuerpo no tiene cabeza, está emergiendo de este Espacio Abierto que hay sobre tu pecho.

Dirige ahora tu atención al círculo de pies, al círculo de piernas; todos los cuerpos se desvanecen en la zona superior en una única No-cabeza. No hay ninguna línea divisoria en esta No-cabeza. Ahí abajo somos muchos, pero aquí arriba somos el Uno.

Ahora vamos a poner un reloj en el suelo, en el centro del círculo. Mira el reloj. Son las tres y once minutos. Las manecillas del reloj se están moviendo por el carillón del reloj, están marcando la hora —el tiempo—. El tiempo y el cambio siempre van juntos. El tiempo pasa; las manecillas del reloj van marcando con su movimiento el paso del tiempo.

Ahora, mientras sigues mirando hacia abajo, hacia el reloj, presta atención a aquello en lo que desaparece tu cuerpo —este Espacio que hay aquí arriba, en la zona superior—. ¿Puedes apreciar algún cambio ahí? ¿Hay algún movimiento? Donde no hay movimiento no hay cambio, y donde no hay cambio no hay tiempo. Estás mirando desde lo Atemporal que hay aquí donde estás hacia el tiempo que está ahí fuera.

Al darte cuenta de esto no tienes por qué sentir nada en particular; se trata de una experiencia neutral. No tienes que comprenderlo de una forma concreta o determinada. Ahí ves el cambio —las manecillas del reloj que van marcando el tiempo—, pero aquí, en lo alto, no hay ningún cambio, ningún tiempo.

Este círculo que estamos haciendo tan solo va a durar uno o dos minutos. Está en el tiempo. Es un hogar temporal para ti. Durante unos pocos minutos tu hogar es el círculo, pero después este hogar habrá desaparecido. Sin embargo, aquí, en lo alto, este Espacio Abierto nunca va a desaparecer; es tu Hogar Eterno. Nunca jamás abandonas este Hogar. ¡Bienvenido a Casa!

Muy bien, ya podemos sentarnos.

Ahora el círculo ha desaparecido, pero el Espacio sigue estando presente. La situación es tiempo ahí frente a no tiempo aquí.

Capítulo 24

Un drama real

Imagina que estás viendo una película, un *thriller*, y la relación entre los protagonistas está yendo bien... Hasta que algo terrible ocurre y todo comienza a ir mal. Pero después, en la mayoría de las películas al final todo se arregla; el problema se resuelve. Ahí está el drama. Es lo que hace que la película resulte interesante. La tensión es creativa.

También en nuestras vidas hay drama, momentos en los que parece que todo va mal. En el principio eras el Uno. Pero después perdiste toda consciencia de ser el Uno: «¡Oh, no! ¡Ahora todo está mal! Estoy en un cuerpo. Estoy atrapado. ¡Oh, no! ¿Qué me va a pasar ahora? ¡Voy a morir!». Ese es el gran drama. Y se trata de un drama verdadero; no pretendo para nada descartarlo como irreal. Lo tomamos como algo muy real, y es que así es como tenemos que tomárnoslo. Si siempre que estuvieses viendo una película pensaras: «Bueno, esto no es más que una película», no podrías sumergirte en ella, no te afectaría en absoluto. Para disfrutarla, tienes que olvidarte de que se trata de una película, tienes que olvidar completamente que no es real. Lo mismo ocurre con nuestras vidas. Nos olvidamos de que somos el Uno y a un nivel muy profundo aceptamos la realidad del mundo, de estar separados, de ser mortales. Pero después cabe esperar que vuelvas a despertar al hecho de ser el Uno, que vuelvas a ser consciente de ello. No obstante, has sido condicionado tan profundamente para percibirte a ti mismo como un ser separado que ahora no eres consciente tan solo de ser el Uno, sino que al mismo tiempo sigues pensando, sintiendo y actuando como si fueses una persona separada. Ver que eres el Uno no significa que dejes de experimentar el drama que supone ser una persona, la imprevisibilidad de la vida, tu falta de control sobre los demás e incluso sobre ti mismo, la sensación de estar separado y de ser mortal, pero ahora, al mismo tiempo, tienes acceso también a quién eres realmente. Esto supone una diferencia radical.

Peter: Ahí también hay miedo.

Richard: Sí, la vida es como ir montado en una montaña rusa. Y sí, a veces puede ser aterradora. No estoy sugiriendo para nada que tenga que ser un paseo agradable. Pero creo que la vida es aún más dura y más difícil cuando no sabemos quién somos de verdad. Mucho más dura.

Cuando vivimos desde lo que somos la vida está llena de descubrimiento, se convierte en una gran aventura. Y en nuestros corazones es eso lo que queremos, aventura. No queremos pasarnos todo el día en casa sentados sin hacer nada. ¡Por lo menos no es lo que yo quiero! Cuando ves quién eres, cuando ves que te has quitado la cabeza del resto del cuerpo, por decirlo de alguna forma, es como cuando le quitas el corcho a una botella. Ahora tu vida puede fluir libremente. ¡Quítale el corcho a la botella dándote cuenta de que no hay ningún corcho! Lo único que tienes que hacer es mirar por ti mismo. No está. ¡Pop! ¡Champán! ¡Estamos de celebración! ¡Estamos de fiesta! No siempre es fácil, pero es mucho más difícil si mantienes tu cabeza en su sitio.

Andrew: Es cuestión de volver una y otra vez a esto.

Richard: Sí, de volver a ello constantemente. Y también se trata de, cuando tengamos oportunidad de ello, compartir el ser el Uno con nuestros amigos, tal y como estamos haciendo hoy. Es algo que resulta muy inspirador y tremendamente infeccioso.

Capítulo 25

Una sola Consciencia

Richard: Puedo oír por igual mi voz y la tuya en esta Consciencia Una, así es que estoy hablando con dos voces. ¿Es esto cierto para ti también?

Barbara: ¡Sí!

Richard: Por lo tanto, ahora soy el Uno compartiendo la consciencia de ser el Uno con otra persona que también es el Uno. Es un sueño hecho realidad. Andrew, tú sabes exactamente cómo es ser el Uno, ¿verdad? Tú eres el Uno, ¿cierto? ¿Está todo dentro de ti?

Andrew: Sí.

Richard: ¿Veis lo que está ocurriendo? Nos estamos comportando como si fuésemos seres separados pero, a la vez, también somos conscientes de ser uno —el Uno—.

Andrew: Sí.

Richard: Cuando estamos con otras personas, lo que hacemos normalmente es reconocer que están separadas, que son individuos separados e independientes de nosotros. Yo me paso el día entero reconociendo que soy Richard. Tú reconoces que eres Andrew. Cuando me miras, siento que estás confirmando que soy Richard, porque asientes con la cabeza. Y yo también te estoy indicando lo mismo a ti asintiendo con la cabeza, de modo que tú también sientes que yo te estoy confirmando que eres Andrew. Pero lo que estamos haciendo ahora en esta habitación es admitir en público que no somos tan solo ese que vemos el espejo, sino que también somos el Uno. Cuando ponemos la atención en quién somos realmente y somos conscientes de ello, cuando lo colocamos en primer plano, esto supone una profunda diferencia en el modo en que abordamos las situaciones sociales. De hecho, se trata de toda una nueva etapa de desarrollo en la sociedad. Ahora eres consciente de que estás diseñado para estar completamente Abierto para todos los demás aquí presentes.

Anne: ¿Lo que estás diciendo es que todos somos la misma Consciencia?

Richard: Exacto. Pero no quiero que te limites a intentar comprender lo que yo digo; lo que me gustaría es que lo percibas por ti misma, que te des cuenta de ello por ti misma y lo expreses con tus propias palabras, a tu propio modo. Por supuesto que al principio tenemos que buscar las palabras, porque no estamos acostumbrados a articular y expresar esta Realidad —esta Realidad con dos aspectos distintos, que es al mismo tiempo Uno y «uno entre muchos»—.

Anne: Es como si nuestro intelecto se interpusiera en la experiencia en sí.

Richard: Normalmente, así es. Pero ahora podemos también usar nuestro intelecto para celebrar nuestra experiencia. No tiene por qué ser un obstáculo necesariamente. El intelecto, como todo lo demás, surge en el seno del Uno. Es una expresión del Uno.

Capítulo 26

Libertad

Richard: Hay otro aspecto del que podemos darnos cuenta, y es el hecho de que esta sala no tiene sus cuatro paredes completas. ¿Cuántas paredes podéis ver?
James: Tres.
Richard: Falta la cuarta pared. Tengo un amigo que está en la cárcel y, para él, esta observación es muy valiosa, porque significa que deja de estar confinado en esa prisión. Podemos ver claramente que no estamos en esta sala. Para estar en una sala tendríamos que estar rodeados por cuatro paredes, un suelo y un techo, pero aquí solo hay tres paredes.
Dale: Bueno, yo estoy sentado en la esquina, de modo que yo sí que puedo ver las cuatro paredes.
Richard: De acuerdo. Digamos entonces que vemos tres paredes o las cuatro paredes pero no una esquina. Se trata de darnos cuenta de que en algún sitio siempre hay un hueco, de que siempre falta algo justo donde estamos; es ver que no estamos encerrados, que no estamos encajonados. No se trata principalmente de *sentirnos* libres, sino de *ver*, de *darnos cuenta* de que somos libres, de apreciar tal y como es la forma en la que estamos hechos. Estamos diseñados para estar abiertos, para ser libres, no para estar encerrados, y esto es cierto independientemente de cómo nos *sintamos*. Tú no estás contenido en esta sala. Este amigo mío que está en la cárcel puede darse cuenta de que en realidad él no está en la cárcel, sino que la cárcel está en él. Por supuesto, es consciente de estos dos aspectos de sí mismo, en el sentido de que sabe perfectamente que al mismo tiempo que no está en la cárcel, también es cierto que, como persona, está en la cárcel y no puede salir de ella. De hecho, eso mismo se aplica también para todos los demás, en el sentido de que siempre nos encontramos inmersos en situaciones de las que no podemos escapar. Pero a nivel privado, como quien eres realmente, no estás en una situación sino que la situación está en ti. Ahora puedes ser

consciente simultáneamente de estos dos aspectos de tu ser. Disponer únicamente de la visión exterior de ti mismo —verte como te ven los demás— es en realidad estar encarcelado. Pero tener también la Visión Interior es disfrutar de tu propia Libertad Interna. Vivir a partir de esta Libertad hace que nuestra vida sea totalmente diferente.

Roger: ¿No es por eso por lo que decimos «eres tus pensamientos»? Si crees que estás encarcelado, entonces lo estás.

Richard: Sí. Pero no debemos limitarnos a fiarnos de nuestros pensamientos. También tenemos que mirar por nosotros mismos.

Diana: Yo creía que no éramos nuestros pensamientos.

Richard: Creo que Roger se refiere al hecho que solemos creernos lo que nos dicen nuestros pensamientos. Ahora mismo mis pensamientos me dicen que soy Richard y que estoy aquí sentado. Bueno, eso es cierto, pero es igualmente cierto que no soy Richard sino Espacio para el mundo.

Eric: La experiencia directa de esto es muy poderosa. Los pensamientos y las imágenes condicionadas que tenemos respecto a nosotros mismos nos dicen que somos deficientes, que nos falta algo, de manera que *ver* nuestra propia Naturaleza Esencial resulta muy liberador.

Richard: Sí. Esta Libertad habla por sí misma. Es un tesoro.

Eric: Y cuanto más la observas, cuanto más atención pones en ella, más la ves.

Richard: Sí. Nunca se agota. Se va haciendo más y más resplandeciente —aunque en realidad no tiene color, no es que sea brillante u oscura en sentido literal, pero, de algún modo, se va haciendo más resplandeciente—.

Por lo común nos perdemos en nuestros propios pensamientos, pero afortunadamente nuestra Verdadera Naturaleza está a tan solo una mirada de distancia. Para darte cuenta de quién eres realmente no tienes que escalar ninguna montaña; simplemente mira. Yo lo estoy viendo ahora mismo. Además, esta Apertura es tremendamente amable, pues siempre está inmediatamente disponible y se ofrece libremente.

LIBERTAD

Nigel: Me imagino que con el tiempo nos distraerán menos los pensamientos, nos veremos menos absorbidos por ellos, por decirlo de alguna manera.

Richard: Yo creo que esta comprensión siempre se va haciendo más y más profunda en muchos sentidos. No es una receta para la utopía o para la perfección, pues la perfección se encuentra tan solo aquí en el Centro, no ahí fuera en el mundo. Pero, madre mía, ¡ser consciente de esto supone una enorme diferencia! Es encontrar el Centro. Es algo poderoso, terapéutico. Pero es algo que tenemos que hacer, y no limitarnos simplemente a pensar en ello. Lo que estamos haciendo hoy es apoyarnos unos a otros, ayudarnos mutuamente a permanecer despiertos a lo que somos realmente.

Capítulo 27
La libertad interna

Gloria: Hemos estado hablando sobre el Uno y los Muchos. Ahora estoy aquí sentada y soy el Uno consciente de todo lo que está ocurriendo. Pero, ¿qué hay de todas nuestras neurosis, de nuestros hábitos y nuestros patrones de conducta, de la personalidad y todas esas cosas? ¿Cómo se relacionan con el Uno? ¿Cómo podemos ir más allá de todo eso?

Richard: Antes que nada hay que decir que por supuesto que existe una sensación muy real de ser nuestra apariencia. Todos nos están reflejando nuestra propia apariencia constantemente y nosotros captamos el mensaje y lo hacemos propio, lo tomamos como real. El mensaje básico que recibimos de la sociedad es que somos una cosa, una persona. Y resulta vital que asumamos dicha identidad para poder funcionar en sociedad. Pero, al mismo tiempo, ser una «cosa» también es un problema, porque las cosas están, por definición, enfrentadas o contrastadas con otras cosas. Ser una cosa también significa que moriremos. ¡Así es que no resulta sorprendente en absoluto que si creemos que somos una cosa tengamos unas cuantas neurosis!

Pero cuando vemos más allá de esta suposición básica —la asunción de que somos una cosa— y nos damos cuenta de que somos una No-cosa, ¿implica esto que todas nuestras neurosis y nuestro condicionamiento desaparecen? ¿Quiere decir que ya no vamos a tener problemas nunca más? ¿Significa que ya no nos identificamos con «ese que aparece en el espejo»? En mi experiencia la respuesta a todas estas preguntas es no. Yo aún estoy identificado con Richard. Sigo teniendo problemas. Ser una persona es ser complicado, es tener problemas, de manera que cuando veo quién soy realmente, dado que sigo siendo también una persona, sigo teniendo problemas. Y, sin embargo, al mismo tiempo, este Ver cambia las cosas en gran medida. Ahora soy consciente de que en lo profundo de mi ser, en su base, en sus cimientos, soy completamente libre, no soy una cosa condicionada, no tengo ninguna restricción en absoluto. Esto supone una gran diferencia.

Es una profunda sensación de libertad que no es posible conseguir de ninguna otra manera. Podemos conseguir algún tipo de libertad relativa al resolver este o aquel problema, pero en cuanto solucionas uno siempre aparece otro por algún otro sitio. Así es la vida. Sin embargo, cuando regresas al Hogar de quien realmente eres el problema principal, que consiste en ser una cosa limitada y mortal, queda solucionado. Después, de forma gradual, esta consciencia de tu profunda libertad interna comienza a afectar a todos los aspectos de tu vida.

Capítulo 28
La experiencia y su significado

Ahora ya tenemos la experiencia de quién somos realmente, pero nuestra comprensión aún es parcial. De hecho, la comprensión que tengamos de esto nunca va a ser completa. Si sientes que aún hay aspectos sobre tu Verdadero Yo que no comprendes, bueno, ¡bienvenido al club! Nadie tiene una comprensión completa y total de su Verdadero Yo. Si crees que alguien puede Ver esto pero tú no, la realidad es que esa persona simplemente está respondiendo a esta experiencia básica y neutral de una forma diferente a la tuya. Ya tienes la experiencia —no puedes no tenerla—. La respuesta de los demás, sus reacciones, simplemente serán diferentes a la tuya. Y sea cual sea dicha reacción, siempre acabará por terminarse y esfumarse. Nada permanece para siempre. Así es que, ya sabes, si te sientes confundido respecto a tu Verdadera Naturaleza, ¡bienvenido al club! La visión externa —lo que vemos hacia fuera— es oscura y confusa para todo el mundo. En cambio, la visión interior siempre es clara. Creo que podemos tolerar la oscuridad y la falta de una comprensión completa en la visión externa precisamente por la Claridad que encontramos cuando miramos hacia dentro, hacia aquí. Tenemos la experiencia de nuestra Verdadera Naturaleza al cien por cien siempre que queramos poner la atención en ella y, entretanto, nuestra comprensión viene y va. Las sensaciones de asombro y fascinación aparecen y desaparecen, pero la experiencia de quién eres realmente es siempre neutral.

Y el hecho de que sea neutral resulta muy valioso, porque significa que aquí no hay ninguna jerarquía de veedores. Es decir, nadie puede ver esto mejor o peor que otra persona. Es una observación neutral de «algo que aparece en la Nada». Precisamente porque no depende de la comprensión que tengamos sobre ello, está siempre disponible cuando queremos recurrir a ella. Ahora mismo puedes, si así lo deseas, elegir ser consciente de que no puedes ver tu propia cara, y de que, en su lugar, ves el mundo entero. Esto no es algo que dependa de que alguien más lo confirme o esté de acuerdo con ello. No depende de que pienses en ello de una forma determinada. Y también significa que puedes ser consciente de la experiencia en cualquier parte, en cualquier momento, incluso en los momentos malos. Cuando estás pasando por una situación difícil aún sigues sin ser capaz de ver tu propia cara.

Podemos utilizar el problema como excusa: «Voy a esperar hasta que desaparezca este problema para ser consciente de mi Verdadera Naturaleza». Pero lo cierto es que también podemos ser conscientes del Espacio mientras el problema está ahí. De hecho, es probable que el mejor momento para ser conscientes de esto sea precisamente cuando estamos viviendo alguna situación difícil o complicada de algún modo. Ahora ya no tienes excusas: ya sabes dónde y cómo mirar. Busca tu propia cara. No se trata de algo difícil de hacer, simplemente mira.

Dale: Noto que cuanto más me familiarizo con los ejercicios y más los practico, más profunda se va haciendo la experiencia. He llegado a un punto en el que me he dado cuenta de que es imposible llegar a saber de qué se trata. Siempre intentamos comprender todo esto, meterlo en una caja, pero cuando simplemente nos relajamos en lo que podemos conocer por experiencia directa, entonces esto es lo único que hay, lo único que verdaderamente importa. Se vuelve emocionante, una posibilidad que se muestra a sí misma. ¿Cómo podría esto ser aburrido? Se va haciendo siempre más y más profundo.

Capítulo 29

Bailemos

Vi en la televisión una entrevista que le hicieron a la británica Jane Goodall. En la década de los 60, cuando aún era una adolescente, estuvo trabajando en África con el paleoantropólogo Louis Leaky. Este científico estaba intentando encontrar los huesos de la especie que vincularía a los chimpancés con los seres humanos —el «eslabón perdido»—. El trabajo de Jane consistía en estudiar el comportamiento de los chimpancés para comprobar si mostraban algún hábito de conducta similar al de los humanos. Si pudiese encontrar dichos hábitos similares, esto reforzaría la idea de Leaky de que tiempo atrás, en la prehistoria, existió un ancestro común para los simios y los humanos en el que se habría originado tal comportamiento.

Por ejemplo, en esta entrevista Jane contaba como en cierta ocasión iba caminando por un sendero con un chimpancé —¡lo normal!— y pararon para descansar. Tenía algo de fruta en la mochila y se la ofreció al chimpancé. Este cogió la fruta, pero entonces, durante un instante, sostuvo la mano de Jane en la suya, la miró a los ojos y le apretó la mano. Justo después soltó la fruta. Jane interpretó este comportamiento como un: «Muchas gracias. No quiero la fruta pero tampoco quiero herir tus sentimientos al no aceptarla». Eso es algo que haría una persona: «Muchas gracias pero no me apetece», y luego estrechas la mano de la otra persona entre las tuyas para indicarle que no quieres herir sus sentimientos.

También observó que todas las tardes el grupo de chimpancés que estaba estudiando se dirigía a una cascada. No iban ahí para beber ni para pasar la noche. Simplemente se quedaban ahí y miraban la cascada. Mientras la miraban llevaban a cabo una especie de pequeña danza —o al menos así es como lo interpretó Jane Goodall—. Se movían pasando de un pie a otro mientras contemplaban cómo caía el agua. Su interpretación de ese comportamiento fue que estaban dándose cuenta de algo extraordinario, del hecho de que el agua siempre estaba manando, siempre aparecía por arriba y desaparecía por abajo y, sin embargo, siempre estaba ahí. Tenía la sensación de que los chimpancés no entendían cómo era esto posible. ¿Cómo podía ser que el agua siempre estuviese entrando y saliendo y que, a la vez, siempre estuviese ahí? ¡Todo un misterio! Así es que al contemplar este misterio, como respuesta ante él, ante este milagro, los chimpancés realizaban este pequeño baileteo.

    Igualmente, yo te animaría a mirar desde este Vacío y darte cuenta de que ahí está el milagro de la vida. Este momento presente siempre está llegando, siempre está desapareciendo, y, sin embargo, siempre está aquí sin agotarse nunca. Para mí, la respuesta apropiada ante este absoluto misterio no es escribir una tesis doctoral sino bailar. Esta vida que brota de aquí, de la Vacuidad, es un misterio, un milagro, un regalo. La cascada del momento presente llega a raudales desde quién sabe dónde. Mana corriente abajo y desaparece de nuestra vista; ¿quién sabe a dónde va? Y sin embargo, siempre está aquí. Siempre aquí. Es inexplicable, un regalo, un milagro.

    Anne: Es la danza de la vida.

    Richard: Sí.

    Anne: Creo que tu optimismo nos aporta mucho a todos.

    Richard: Soy optimista porque lo imposible ya ha sucedido, está sucediendo: el Ser. Después de eso, ¿qué puede ser imposible? Lo imposible ya ha sucedido. ¡Está sucediendo ahora mismo!

Capítulo 30
El dolor y la resistencia

Antes de comenzar el taller alguien me preguntó si ver quién eres realmente puede servir de ayuda para mitigar el dolor.

Pon tu mano frente a ti y obsérvala. Puedes ver que tienes una forma y un color, pero aquí, en tu Centro, no ves forma ni color alguno —estás vacío para tu mano—. Ahora haz un puño y apriétalo, de manera que la mano se ponga tensa. ¿Se pone tenso el Espacio? No. Relaja la mano. Tu cuerpo se tensa y se relaja pero el Espacio no se ve afectado por ello. Ahora presiona ligeramente en algún dedo con la uña del dedo gordo de forma que notes un ligero dolor. ¿Se ve el Espacio dañado de algún modo con esto? ¿Hay algún dolor en él? No. Por otro lado, aunque seas consciente de que el Espacio no se ve afectado, ¿sigues sintiendo ese dolor, esa molestia? Sí. No obstante el dolor no es central. ¿Ser consciente de esto supone alguna diferencia respecto a cómo afrontamos la tensión o el dolor? Yo diría que sí, pero es algo que tienes que responder por ti mismo.

Pongamos por caso que tienes un problema y no sabes cómo resolverlo. Deja que el problema esté ahí, en tu mente, acógelo en este sabio Espacio. Estoy seguro de que la Fuente encontrará algún tipo de respuesta, ¡aunque puede que no sea la que esperabas o la que deseabas! Este Espacio es tremendamente sabio, de manera autoevidente, simplemente porque es; sabe cómo Ser.

Este es otro experimento que podemos hacer. Mírate las manos y date cuenta de que las estás observando desde la No-cosa, desde la Vacuidad. Esta Vacuidad recibe en ella el color de tus manos pero no interfiere con el color, ¿verdad? Simplemente está Vacía, es pura Apertura para el color. No le dice «no» al color. Ahora junta las palmas de las manos y presiona una contra la otra ejerciendo la misma presión en ambos lados. No se mueven. Puedes sentir cómo se resisten la una a la otra. El Espacio acepta la resistencia, ¿verdad? Ya puedes dejar de presionar. Ahora empuja con la mano derecha y deja que la mano izquierda ceda a la presión. ¿Tiene el Espacio alguna preferencia por empujar o por ceder, por ganar o perder? No. Le dice «sí» a todo.

En la superficie, hablando como Richard, hay veces en las que me resisto a las cosas y otras en las que las acepto. A veces me resisto al dolor y a veces lo acepto —¡al final, cuando no me queda más remedio!—. Pero en lo profundo, como mi Verdadero Yo, siempre acepto plenamente lo que sea que esté ocurriendo, incluido el dolor. En lo profundo de mi ser siempre le digo «sí» a todo.

¿Supone alguna diferencia ser consciente de que en lo profundo de nuestro ser le decimos «sí» a todo, que siempre le estamos dando la bienvenida con los brazos abiertos al momento presente? Sin duda. Ver quién eres realmente es un profundo «sí» a la vida. Aceptar y acoger la vida es muy distinto a resistirse a ella. Pero tienes que comprobarlo por ti mismo. Sé consciente de quién eres y observa cómo se desarrollan las cosas cuando en lo profundo de tu ser le das la bienvenida a la vida, incluso aunque en la superficie puedas resistirte a lo que sea que esté ocurriendo.

Ian: Yo siento que tengo algunos «noes» bastante intensos en mi interior.

Richard: Sí, yo también.

Ian: Por lo tanto no puedo estar de acuerdo en que yo le diga «sí» a todo. Incluso a un nivel profundo sigo teniendo la sensación de que hay ciertas cosas que están bien y otras que están mal.

Richard: ¿Pero el Espacio se resiste a algo de ello?

Ian: No lo sé.

Richard: Bueno, compruébalo. Lo que yo veo es que no lo hace.

Ian: Sí, pero si ves un puño que viene directo a tu cara te apartas, ¿no?

Richard: Sí. Pero estoy estableciendo una distinción entre yo como Richard y yo como quién soy realmente. Como dije antes, Richard se resiste. ¡Y espero que se aparte antes de que llegue el puño! Pero quién soy realmente...

Margaret: ... le dice que «sí» también a apartarte.

Richard: Exacto. Es totalmente adecuado decirle «sí» a algunas cosas y «no» a otras. Las cosas se resisten a las cosas. Es algo propio de las cosas, es lo que hacen, forma parte de su naturaleza. Las cosas se resisten a las cosas, pero la No-cosa no se resiste a nada. Ahora mismo, ¿eres una cosa en tu Centro o eres una No-cosa? Tan solo tú mismo puedes responder. Si eres una No-cosa entonces no te estás resistiendo a nada. Pero echa un vistazo por ti mismo. Comprueba ahora si es así para ti. ¿Qué ves ahí? Justo aquí, justo donde yo soy, lo que encuentro es una No-cosa —no hay nada salvo Espacio para el mundo—.

Esta Apertura incondicional no es una actitud, no es un sentimiento ni un logro. No puedes tenerla en mayor o menor medida. No es una cuestión de grado ni de intensidad, ¿verdad? No puedes tener un poquito de Vacío. Pero corriente abajo de la Fuente —en el mundo— sí que puedes estar un poco entregado o totalmente entregado, puedes rendirte en mayor o menor medida. Para algunas cosas está muy bien rendirse, mientras que para otras no. Así es que aguas abajo siempre hay un ritmo, una alternancia entre el «sí» y el «no», entre la rendición y la resistencia, pero aquí, en la Fuente, corriente arriba de todas las cosas, siempre estás completamente Abierto —cara *ahí* frente a No-cara *aquí*—.

Todos estos experimentos no son más que formas de desplazar nuestra atención de manera muy simple desde *ahí* hasta *aquí*. Ya ves lo simples que son, lo absolutamente disponible que está siempre este Espacio, la imposibilidad de hacerlo mal. El único momento en el que puedes ver quién eres es ahora. Ver esto no requiere de confirmación por parte de nadie más. Es algo muy práctico. Y también es puro afecto. Es algo que nunca deja de ser cada vez más y más profundo. En esta dirección —la visión interna— nunca cambia, pero en esa otra dirección, —la visión externa— nunca deja de profundizarse, siempre es más profunda cada vez. Es cuestión de poner nuestra atención en ello. Supongo que podríamos decir que cuanto más lo practicamos más se convierte en nuestra posición por defecto.

David: ¿Y qué hay del miedo, como por ejemplo en la historia que nos has contado antes en la que Dios llega a la existencia y luego decide olvidarlo, cuando se arriesga a no recordar nunca más que es Dios? Yo siento ese miedo de no recordar, de perder completamente el Yo. ¿Qué es lo que sugieres que hay que hacer cuando aparece el miedo?

Richard: Ahora mismo, ¿estás viendo quién eres? Sí. Eso es todo lo que puedes hacer. No puedes garantizar lo que va a pasar en el futuro. Tan solo puedes ver quién eres realmente *ahora*. Y en eso hay una gran libertad. El Espacio no es algo que puedas capturar o que puedas arreglar de algún modo. Y, en todo caso, el miedo es parte del juego, ¿no crees? Está *ahí*, en el juego. Pero *aquí*, justo donde estás, eres libre de él. Ahora puedes darte cuenta de ello. Eres absolutamente libre del miedo incluso cuando lo estás sintiendo. Con el miedo ocurre lo mismo que con el dolor; lo sientes *ahí*, no *aquí*. Así que esto no es para nada una promesa de que nunca más volverás a tener miedo, a sentirte deprimido o a sufrir. Es la promesa de que siempre puedes ver quién eres realmente aquí y ahora, lo cual equivale a ver que no hay ningún miedo, ninguna depresión ni ningún dolor ahí, justo donde estás. Y, paradójicamente, ver esto ahora significa verlo eternamente, porque el ver mismo está fuera del tiempo.

Por supuesto, no te limites a creer lo que digo; ponlo a prueba, observa si es verdad para ti mismo.

Joan: Tal vez otra manera de interpretar esa historia sería considerar que estamos en el proceso de recordar que somos Dios, la Inmensidad, el Absoluto.

Richard: Sí. Es una buena manera de decirlo. El propio hecho de que esta experiencia sea tan obvia y tan disponible para todos significa que no hay nada que discutir respecto a ella. Todo el mundo tiene una visión válida de la Fuente y todas las expresiones de esto son válidas. Ver que somos la Unidad en el Centro pone de relieve nuestra individualidad y nuestra singularidad.

Capítulo 31
El miedo a perderse a uno mismo

Dale: A veces la gente se siente desorientada e incluso asustada cuando entran en contacto con estas ideas por primera vez. ¿Podrías hablar un poco de este tema según tu experiencia?

Richard: Creo que probablemente todos podemos entender lo que es sentirse así, porque esta forma de vernos y experimentarnos a nosotros mismos es muy distinta a la visión que la sociedad tiene de nosotros. A la gente puede resultarle aterrador apuntarse a sí mismo y darse cuenta de que no hay nada aquí. Es como si de pronto sintieras que has desaparecido, que no existes. Ciertamente es algo que puede hacernos sentir raros, incómodos o incluso asustados. Puede que nos entren ganas de huir de ello.

Pero si no escapas, si sigues prestándole atención, si continúas viendo quién eres, entonces te das cuenta de que incluso aunque no seas «nada», sigues siendo. El Ser es indestructible. Y después comprendes también que aunque ahora veas que eres «nada», que eres el Ser mismo, el punto de vista que tiene la sociedad sobre ti sigue estando ahí. Sigues siendo consciente de ti mismo como persona, como individuo. En lugar de perder tu yo social, lo que ocurre es que simplemente te das cuenta de que este yo social no es central —El Espacio, el Ser, sí que ocupa el centro—. De modo que en realidad no has perdido tu yo, tu individualidad, sino que más bien lo has *reubicado*, lo has puesto en el lugar que verdaderamente le corresponde.

A medida que vas experimentando con esta comprensión —cuando sales de paseo con el Ver, por así decirlo— te vas dando cuenta también de que es totalmente seguro. De hecho se trata de un arreglo perfecto: privadamente eres Espacio, pero públicamente eres una persona. Ahora puedes vivir estos dos aspectos de tu identidad y darte cuenta de que funciona —en realidad funciona mucho mejor que cuando te limitabas a ser «esa persona del espejo»—.

Permitidme añadir que para mí es muy valioso tener amigos

que también Vean esto, porque si te sientes desorientado o perdido respecto a esto —yo, sin duda, he tenido momentos así—, es muy probable que otras personas con esta comprensión puedan entenderte. Con un poco de suerte también podrán ayudarte a comprender que es normal sentirse un poco desorientado. Sería muy extraño que ante esta nueva perspectiva no te sintieses desorientado en algún momento, ¿verdad? Has pasado años y años identificándote exclusivamente con «ese individuo del espejo» y ahora descubres que desde tu propio punto de vista lo que eres realmente es Espacio para el mundo. Es un cambio radical. ¡Es de esperar que te cause un cierto trastorno!

La consciencia de quién eres realmente va de la mano con la consciencia se ser un individuo. No anula ni disuelve tu propia individualidad, sino que más bien la reubica, la recoloca. De manera que aunque ahora puedes ver que eres ilimitado, al mismo tiempo eres perfectamente consciente de tus limitaciones personales. Yo veo que soy tú, pero incluso así, ¡no te voy a dar mi cartera! Como persona entiendo perfectamente bien dónde termino yo y dónde empiezas tú. Pero al mismo tiempo soy consciente de que soy tú, de que todo el mundo es mío y de que soy infinitamente rico... Así es que, después de todo, ¡puede que sí te dé mi cartera! En todo esto no hay ninguna regla fija.

Capítulo 32

Ningún problema

Ian: Soy consciente de mi lucha interna. Por un lado siento este esfuerzo que hay en mi interior, esta creencia que me dice que tengo que hacer algo para crear la experiencia de ser Consciencia. Siento como mi cerebro piensa que tengo que crear esta Realidad. Y, por otro lado me estoy dando cuenta de que no tengo que crearlo, que no tengo que seguir intentando crear esta experiencia, porque ya está ocurriendo.

Richard: Ver quién eres realmente no significa que dejes de tener ese tipo de sentimientos —por ejemplo, sentir que tienes que hacer algo para que ocurra el Ver—. Esa reacción tiene lugar en el Espacio. No estás haciendo nada mal. Sería muy duro si el Ver implicase que no pudiésemos tener ese tipo de reacciones, porque durante toda la vida nos han enseñado que para que la vida siga tenemos que hacer esto, aquello o lo de más allá. Así es que esa clase de pensamientos y de sentimientos están arraigados muy profundamente en nosotros. Y está bien que así sea. No hay ningún problema en ello.

Ian: Tienen lugar en el Espacio.

Richard: Sí, así es.

Ian: Están ahí colgando.

Richard: Sí, simplemente están ahí colgando. Es mágico. Como el Uno, ahora estoy creado un problema, ¡que surge de la Nada! Si después de ver quién eres dejases de tener problemas, en tan solo cinco minutos estarías suplicando que regresaran, porque tener problemas significa tener retos en la vida, lo que implica poder embarcarse en aventuras y descubrir cosas nuevas. Sí, a veces es difícil, y otras veces es incluso muy difícil, pero no deja de ser un proceso de aprendizaje. Y de todas maneras, ¡vas a tener problemas lo quieras o no!

Ian: Lo que estoy experimentando ahora mismo es que simplemente están en el Espacio.

Thomas: Douglas Harding recomendaba que cuando tuviésemos

un problema nos imaginásemos sosteniéndolo en las palmas de las manos. El problema está ahí, en las manos.

Richard: Pon tus manos hacia delante e imagínate que estás sosteniendo en ellas tu problema. Piensa en algún problema que tengas en la vida, cualquier problema real que te preocupe e imagínatelo en tus manos. Ahí está el problema —ahí fuera, en tus manos—. Ahora date cuenta de que tu brazo vuelve hasta aquí y se pierde en el Espacio Abierto. Tu brazo brota de la Nada, del Ojo Único. ¡La situación es problema ahí frente a ningún problema aquí!

Capítulo 33

Dudar y confiar

Alex: ¿Se produce algún cambio real en «el individuo que aparece en el espejo», el «pequeño yo», aparte de las etapas del desarrollo por las que va pasando? ¿Crees que la consciencia de quién somos realmente afecta o influye de algún modo al pequeño yo?

Richard: Sí, cada vez más profundamente. Creo que es algo que ocurre de forma diferente para cada persona, aunque hay algunos patrones comunes. A medida que la realidad de quien soy se va asentando gradualmente, mi respeto por el Uno va siendo cada vez mayor. Por lo tanto cada vez me inclino más a entregarle todo a ese Uno, a confiar en él. En mi experiencia esto nunca llega a ser algo completo y terminado, sino que más bien se trata de un ritmo —a veces me resisto, otras me entrego—. Así que hay como un diálogo, un ritmo entre la resistencia y la rendición, entre la duda y la confianza. Pero cuanto más adopto esta perspectiva, cuanto más veo quién soy aquí, ¡más me sorprende lo inteligente que es este Uno! ¡Realmente parece que sabe lo que hace!

Alex: Me río porque estaba pensando en el experimento que hemos hecho en el que empujábamos una mano con la otra y tú nos preguntabas: «¿Tiene alguna preferencia el Espacio?»; resultaba tan claro y tan obvio que no la tiene. Pero dos segundos después puedo engancharme en una conversación ¡y olvidarme por completo de esa comprensión!

Richard: Sí, Alex. ¡Todos estamos un poco preocupados por ti! [Risas].

Jennifer: No entiendo muy bien a qué te refieres cuando hablas de confiar en ello. ¿Confiar en ello para que haga qué?

Richard: Bueno, para cuidar de ti.

Brian: Nunca ha cambiado, así es que claro que puedes confiar en lo que nunca jamás ha cambiado.

Richard: Sí, puedes confiar en que siempre estará ahí. Pero, ¿cómo puedes estar seguro de que va a cuidar de ti? Lo cierto es que no puedo estar seguro, pero puedo elegir confiar o no confiar en ello. Yo ciertamente no confío en ello todo el tiempo. A veces dudo de que esté cuidando de mí. Pero esto significa que ahora estoy embarcado en un viaje interesante, en una aventura. Soy consciente del Uno y de la posibilidad de confiar en él. Según mi experiencia, creo que cuanto más confío en ello, más digno de confianza me parece. Cómo funciona es un misterio, pero es sumamente inteligente y amoroso.

Capítulo 34

Recordar

Diana: Aquí, en el contexto de este taller, ser consciente de esta Nada es una sensación maravillosa. Parece algo muy fácil y ligero. Pero, ¿cómo hacer para no olvidarnos de esa Consciencia cuando estamos ahí fuera, en el mundo? ¿Cómo podemos recordar ser conscientes de nuestra Nada todo el tiempo?

Richard: Bueno, hay diferentes respuestas posibles a esa pregunta. Te daré unas cuantas ideas. Estos experimentos son excelentes recordatorios, muy simples y prácticos, que se pueden usar en la vida diaria. Ver quién eres realmente no es una idea abstracta o esotérica. Cuando estás con otra persona puedes darte cuenta perfectamente de que la situación es cara ahí frente a Espacio aquí —de que estás diseñada para estar completamente Abierta para ellos—. Ahora, si me miras a mí, tan solo ves la cara de Richard; no ves la tuya —cara a No-cara—. Puedes darte cuenta de ello sin problema. Siempre que estés con alguien puedes ser consciente de este hecho. Es algo práctico. También es no verbal, así es que no tienes que decir ni pensar nada en concreto. Con una persona en una tienda, con tu pareja, con quien sea, siempre es lo mismo: cara ahí a No-cara aquí. O también puedes prestar atención a tu Ojo Único y ser consciente de él. En este caso da igual si hay alguien más contigo o no y tampoco importa dónde estés. También puedes recurrir al experimento de apuntar —quizá cuando estés sola en algún sitio—. Apunta a tu No-cara ahora. Ahí lo tienes. No puedes ver tu propia cara. O también, cuando estés conduciendo, puedes darte cuenta de que tú estás completamente Quieta mientras el paisaje se mueve. Cuando estés echada en la cama y cierres los ojos, sé consciente de que no tienes límites. Así es que esta sería una de las ideas; recurrir a estos consejos y recordatorios prácticos que puedes usar en cualquier lugar. Aunque probablemente lo más importante para ti sea ser consciente de quién eres realmente, y eso te llevará a encontrar tu propio camino, de una y otra forma.

Crecer en la sociedad es ir siendo cada vez más consciente de uno mismo como persona a los ojos de los demás. Asumimos esa identidad. Yo me veo a mí mismo a través de vuestros ojos como Richard. En realidad no puedo ver a Richard, pero asumo esa identidad que proviene de vosotros, de vuestro punto de vista, así como también del espejo. De modo que aquí dentro —para mí mismo—, actúo *como si* fuera Richard. Un bebé aún no ha aprendido a hacer eso. Pero dado que en la sociedad en la que crece el bebé todo el mundo es consciente de sí mismo, el bebé aprende a serlo también. Es algo contagioso. No podemos evitarlo. No podemos ignorar, negar o rechazar nuestra identidad personal, porque de hacerlo así no podríamos funcionar en la sociedad. En otras palabras, ser una persona es algo contagioso a nivel social, algo que continúa presente hasta el día de nuestra muerte. De una u otra forma los demás te están recordando constantemente tu identidad personal y tú les estás recordando la suya.

Sin embargo, ahora también soy consciente de que soy el Uno. Aquí, en este taller, hemos creado una minisociedad en la que la consciencia de nuestro Verdadero Yo ocupa el primer plano. Esto también resulta muy contagioso, especialmente cuando hablamos de ello. Por lo tanto, al igual que nos afirmamos y confirmamos los unos a los otros nuestra identidad social, también estamos afirmando y confirmando nuestra Verdadera Identidad. Declarar quién eres realmente en público, hablar a los demás sobre el Yo Único, es algo que resulta ciertamente poderoso. «¡Yo soy el Uno! ¿Tú también eres el Uno? ¿Sí? ¡Genial!». Cuando somos conscientes de nuestro Verdadero Yo y lo tenemos presente en una situación social, tal y como estamos haciendo hoy, resulta igual de contagioso que la consciencia de nuestra identidad pública. Comunicar a los demás quién somos realmente hace que la consciencia de nuestro Verdadero Yo aumente para todos. Por eso animo a la gente a usar su voz y hablar de ello. De esta forma lo que hacemos es ayudarnos unos a otros a ser conscientes de nuestra identidad como el Uno. Aunque esta Realidad no necesita ningún tipo de confirmación externa, lo que hacemos es confirmarla.

Cuanta más gente haya que le diga «sí» a esta Realidad, más cambiará la atmósfera social en una dirección que facilite y apoye esta Consciencia. Este es el «trabajo» que hay que hacer; vivir desde quién somos realmente y compartirlo... Aunque en realidad es más como un juego que un trabajo. Hoy, en este taller lo que estamos haciendo es poner toda nuestra atención en esta consciencia, traerla al primer plano, y ayudarnos así unos a otros a permanecer despiertos a nuestro Verdadero Yo. De hecho, ahora que ya has conocido aquí a otras personas que ven quién son, no necesitas volver a estar con ellas nunca más y, aún así, siempre estarás en contacto con ellas, porque solo hay Uno. Cuando ves quién eres realmente, lo ves como y para todos los demás. Así es que, a un nivel profundo, siempre estamos apoyándonos entre nosotros cuando Vemos, incluso aunque no estemos juntos.

Pero aparte de ese hecho que resulta muy reconfortante, hoy en día disponemos además de muchas oportunidades para estar en compañía de otras personas que ven quiénes son, tanto de forma física como a través de internet, por correo, etc. Hoy existe una comunidad cada vez más grande por todo el planeta de personas que le dicen «sí» a esta Realidad. Podríamos decir que es un grupo de apoyo muy potente. Y por eso estoy yo hoy aquí, en este taller, para ayudar a otros —y dejarme ayudar yo también— a recordar quién somos realmente, y para disfrutar escuchando todas vuestras voces —las voces de los muchos— en este Silencio único. Así es que tener amigos con los que compartir este Ver puede ser una gran ayuda para mantenernos despiertos a él.

Diana: ¿Y qué es lo que sucede al final? Digamos que veo y soy consciente de quién soy todo el tiempo, constantemente. ¿Hará esto que se produzca algún tipo de transformación?

Richard: Una vez que ves quién eres, ¿se produce un cambio repentino o total? ¿A partir de ese momento estás siempre Viendo, de manera que ya nunca regresas a tu forma de ser anterior? Bueno, el Ser está siempre aquí. Cuando ves quién eres realmente también eres consciente de que tu Verdadero Yo está siempre aquí. Nunca ha dejado de estar aquí. Así es que, en un cierto sentido, nada cambia salvo el hecho de que eres consciente de aquello que nunca cambia. Por supuesto que yo no siempre estoy pensando en quién soy realmente o aceptándolo a un nivel consciente, pero aún así, está siempre ahí. De modo que lo que cambia no es nuestra visión interior, como vemos este Espacio, sino nuestras respuestas y reacciones a él —es decir, nuestra visión externa, la forma que tenemos de ver las cosas que hay «ahí fuera»—. Valorar o pensar sobre el Espacio son reacciones. Por ejemplo, podrías tener de repente el pensamiento, la realización de que eres el Uno. Entonces quizá tengas la esperanza de sentir esto para siempre, de no dejar de darte cuenta de ello, pero no va a ser así. Es un pensamiento, o un sentimiento, y está en su propia naturaleza el desvanecerse.

Diana: A eso me refería. Yo quiero sentir esto durante el resto de mi vida.

Richard: Sí, lo sé. Pero no lo harás. Cualquier sentimiento que tengas respecto al Uno pasará. En realidad es una bendición que incluso la más profunda realización sobre el hecho de ser el Uno desaparezca, porque si tuvieses que cargar con ella constantemente se acabaría convirtiendo precisamente en eso, en una carga. Y, en todo caso, cuando una realización profunda y hermosa desaparece, siempre deja sitio para que pueda aparecer una nueva. Con el tiempo, algo incluso más profundo y relevante puede surgir del Uno. Si pudieses aferrarte y mantener constantemente una realización lo único que harías sería bloquear la aparición de algo incluso mejor, ¡algo que te está esperando ahí, en el Misterio!

Capítulo 35

La alegría sin sombra

Richard: Cuando diriges una luz hacia algún objeto, este proyecta una sombra. Por ejemplo, ahora mismo puedo ver ahí la sombra de los zapatos de John. Si enfocaseis una luz sobre mí aparecería mi sombra en la pared que tengo detrás. Todo tiene sombra. Del mismo modo, también podríamos decir que toda alegría tiene también su contrapartida, su sombra. Todo lo bueno siempre se acaba. Incluso aunque no termine de una forma trágica o dramática, el hecho es que, en cualquier caso, terminará, así es que, en ese sentido, tiene una sombra. Puede que algo sea tan bueno que no quieras que se acabe nunca, pero nunca es así. Hay una sombra. En la vida hay insatisfacción, sufrimiento. Creo que a eso se refería el Buda cuando decía que la vida es sufrimiento, a que la vida es insatisfactoria. Todo termina, todo colapsa, cualquier cosa individual acaba siempre por derrumbarse, todas las personas a las que queremos morirán. Tú también, como persona, morirás. Esta es la realidad. Considero que ver quién eres realmente es algo que te pone mucho más cerda de la realidad. Todo tiene su propia sombra. Resulta comprensible que nos sintamos deprimidos en algún momento, porque todo pasa, todo termina. Creo que quien no ha sentido nunca una especie de depresión, una tristeza subyacente, quizá nunca haya admitido de verdad el hecho de que todo pasa, que todo muere, que todo se termina. Así es la realidad. Si amas la vida, si amas a alguien, ¿cómo no vas a sentirte triste en algún momento sabiendo que esa persona morirá? Absolutamente todo lo que apreciamos se convertirá en polvo.

Pero no tenemos por qué detenernos en esta comprensión. Profundiza un poco más, busca lo que hay por debajo de esa depresión y esa tristeza, lo que subyace bajo todo lo que viene y va, y descubrirás que quien eres realmente no viene ni va. De hecho, tanto en un sentido meramente físico como también en un sentido psicológico, tu Verdadero Yo no proyecta sombra alguna. A lo que me refiero es a que si enfocamos con una luz a cualquier cosa particular de esta habitación, proyectará una sombra detrás de ella. Pero ahora fíjate en la Visión Completa, en el campo total de lo que estás viendo. Estás iluminándolo todo con la luz de tu Consciencia, pero la Visión Completa no tiene ningún fondo, así que no hay lugar alguno en el que se pudiese proyectar su sombra. Esta es la única «cosa» que no tiene sombra, pues no tiene fondo —La Totalidad carece de fondo—. Y mientras que todas las cosas individuales aparecen y desaparecen, vienen y van, por debajo de todas estas cosas temporales está el Ser que nunca viene ni va, que nunca aparece ni desaparece. Ahora has encontrado la alegría sin sombra. Ahora puedes tomar la decisión de acoger y dar la bienvenida en tu vida a esta verdad, a esta Alegría.

La gente que dice: «Yo soy realista, la vida apesta» no ha profundizado lo suficiente. Por supuesto que todas las cosas individuales vienen y van, están y, en algún momento, dejan de estar, así que en ese sentido, sí, la vida apesta. Pero si profundizas un poco mas descubrirás un lugar que no apesta, un lugar que nunca viene ni va. Ahora puedes vivir conscientemente como el Uno Inmutable, el No Nacido, la Luz Inmortal. Y también te darás cuenta de que después esta Luz se desborda y comienza a impregnar también a todas esas otras alegrías que sí tienen sombra, haciendo que puedas percibirlas de una forma muy distinta. Ahora dejas de buscar la alegría sin sombra ahí fuera, en las cosas, en los objetos que vienen y van, porque ya la has encontrado en el lugar en el que en realidad está, en tu Centro. Has encontrado aquello que nunca se acaba, que nunca se termina. Así es que ahora puedes apreciar de otro modo las cosas que vienen y van, consciente de que terminarán pero sin que su fin constituya ahora una catástrofe.

Roger: Es hermoso cuando permitimos que todas esas sombras surjan —todas las cosas que rechazamos— y nos damos cuenta de que por debajo de todas ellas se encuentra lo divino.

Richard: Sí. Ahora puedes tener compasión por ti mismo y por los demás. Me equivoqué, pero, ¿qué esperabas? La vida se equivocó, pero, ¿qué esperabas? Sin embargo, el Ser no se equivoca. El Ser es la mayor historia de éxito que existe.

Capítulo 36

Sentir por los demás

Kevin: Cuando le decimos «no» al alguien no importa cuál sea su reacción, pues no afecta a quién eres realmente.

Richard: Sí, la reacción que tenga esa persona no afecta al Espacio. Es una verdad importante. Pero en mi propia experiencia, el Ver no significa que tengamos que sentirnos desvinculados de los demás. Yo me siento profundamente vinculado a los demás, profundamente involucrado. Por supuesto, para cada persona es diferente. Pero cuando vemos quién somos realmente también nos damos cuenta de que no existe frontera alguna entre tú mismo y los demás. Los otros están justo aquí, en ti. Ahora mismo tu cara es mía. Si pareces triste, en cierto sentido tu tristeza es también la mía.

Cuando no somos conscientes de que no tenemos cara para los demás, de que estamos Abiertos, es normal sentirse incómodo cuando alguien nos mira. Nos da vergüenza y nos hace ser muy conscientes de nosotros mismos. Por nuestra parte, tendemos a evitar mirar a los demás porque no queremos causarles ningún malestar. Y también porque no queremos que nos pillen mirándolos directamente —¡al menos no por más de un segundo!—. Así que acabamos casi por dejar completamente de mirar a nadie fijamente, con atención. Se suele decir que hay dos situaciones en las que podemos mirar fijamente a otra persona: cuando estamos enamorados de ella ¡o cuando nos va a matar! En cualquier otra circunstancia es tabú. Pero, si esta es la situación, ¿cómo vamos a poder conocer realmente a alguien? En cierta ocasión estuve trabajando en un centro de asesoramiento y le comenté a otra de las orientadoras que trabajaba allí que uno de los experimentos de nuestro taller consistía en mirar a alguien y darnos cuenta de que somos Espacio para esa otra persona. La orientadora me miró horrorizada y me contestó: «Yo ni siquiera miro a mi marido, como para mirar a un extraño».

Pero cuando nos damos cuenta de que no tenemos cara volvemos a despertar la inocencia y la apertura propias del niño que llevamos dentro y empezamos a mirar a los demás sin tanto miedo, sin tanta vergüenza, sin ser tan conscientes de nosotros mismos. En cualquier caso, esa es mi experiencia. Puede que estemos menos preocupados por lo que los demás piensen de nosotros cuando, por así decirlo, nos quitamos de en medio, cuando nos ocupamos de ellos en lugar de ocuparnos de nosotros mismos. Así es como podemos mirarles, incorporando a esa otra persona en nosotros de una forma no intrusiva. Creo que fue Sherlock Holmes quien dijo: «Para encontrar algo, ¡no hay nada mejor mirar!». Pues bien, si quieres conocer a los demás, ¡no hay nada mejor que mirar!

Así es que no creo que ver quién eres realmente haga que dejes de estar involucrado con los demás, que dejes de sentir con y por ellos. De hecho, es posible que una de las razones por las que la gente se resiste a Ver —cuando lo hacen— sea que su intuición les dice que eso supondría dejar entrar mucho más a los demás en su interior y, consecuentemente, una experiencia mucho más profunda del sufrimiento del mundo. Lejos de ser una forma de distanciarnos de los demás, el Ver supone estar mucho más implicados con ellos. Aunque como el Uno nada puede dañarte, al mismo tiempo, al vivir como el Uno te vuelves mucho más vulnerable.

Kevin: Eso es algo muy poderoso.

Laura: Se trata de amar o bien a través de nuestra identidad limitada o bien a través del Uno. No es lo mismo amar a tus hijos con tu identidad que amarlos con el Uno.

Richard: Eso es hermoso.

Angela: ¿Crees que vamos oscilando de forma natural entre esas dos identidades?

Richard: Sí. No es tan solo que no me sea posible deshacerme de mi yo humano, es que tampoco lo deseo. Es muy valioso. Si quisiéramos librarnos de nuestra parte humana, ¿qué diría esto sobre nuestra actitud hacia los demás? ¿Por qué molestarse? ¿Por qué preocuparse por ellos?

Ángela: Sí, ¿por qué preocuparse de nadie más?

Richard: ¿Por qué habríamos de hacerlo? Lo cierto es que estamos conectados e identificados muy profundamente con nuestro yo humano, con nuestra identidad como persona. Esta identidad es muy valiosa y especial, y la necesitamos. El Uno la necesita. Es precisamente debido al hecho de que hemos aprendido a identificarnos con nuestro yo humano, a que nos hemos responsabilizado de él y a que tenemos una cierta comprensión limitada de lo que es ser una persona que somos capaces de apreciar también aquello por lo que los demás están pasando en la vida. Si no pasásemos por este proceso de identificación no podríamos empatizar con los demás. Cuando te despiertas al Uno tu empatía se hace mucho mayor y más profunda, porque ahora no te limitas a reconocer que los demás sienten como tú aunque no puedas experimentar directamente por ti mismo sus sentimientos, que los demás pueden pensar como tú aunque no experimenten nunca directamente tus pensamientos, etc.; ahora además también reconoces el hecho de que los otros también están mirando desde el Uno, igual que tú. Esta clase de empatía es mucho más profunda, ¿verdad? Ahora sabes exactamente cómo es ser lo que ellos son realmente, porque eso es precisamente lo que tú eres también.

Capítulo 37
Poseer el mundo

William: Hubo un tiempo en mi vida en el que era muy consciente de todas las cosas que no tenía. Pensaba que tan solo tenía una pequeña parte de todo lo que se puede tener. Pero ahora lo tengo todo. Cuando voy a ver a Dale, ¡su casa también es la mía!
Dale: ¿Has pensado en pagar la hipoteca?
William: La poseo de una forma única y especial. Desde aquí, desde este Espacio, tu casa es mía. ¡Y sin pagar la hipoteca! Siempre es así, vaya donde vaya. Si estoy en un avión, es mi avión. El resto de los pasajeros me hacen compañía. Es como estar en una película. Yo le doy a cada uno un papel en mi película, de manera que esta historia pueda desarrollarse.
Richard: En cierta ocasión cuando estaba viajando con Douglas Harding, dejamos la autopista y paramos en un bar para tomar una taza de té. Douglas empezó a comentar cómo el bar iba emergiendo mágicamente de la Nada. Ahí estaba, con todo el personal del establecimiento listo para servirnos, con todo preparado y funcionando perfectamente. Pagas un par de libras por un café, ¡y fíjate lo que consigues por ese dinero! Todo un bar funcionando a pleno rendimiento. Eres Espacio para él, de modo que es tuyo, pero no tienes que preocuparte del mantenimiento. En cuanto terminas el café vuelves a poner el bar de vuelta en el Vacío del que surgió. Es como si lo doblases y lo guardases en un bolsillo. Después, cuando lo necesitas, lo vuelves a sacar del Vacío para usarlo. Cuando ya no lo necesitas, ¡lo vuelves a guardar!
Peter: Podemos crear cualquier cosa.
Richard: Es el Vacío, el Uno, el que puede hacerlo. Es algo que resulta tan increíble, tan distendido, tan creativo, tan agradecido, tan rico y abundante. Le gusta tanto la diversión...
Siempre estamos en Casa, en nuestro Hogar. Yo no me he movido, no he ido a ningún sitio; habéis sido Dale y todos los demás los que habéis llegado a mí. Todos vosotros sois mis invitados aquí, en mi

Hogar. Y luego, dentro de un rato, desapareceréis nuevamente en el Vacío y Londres llegará a mí —Londres será entonces mi nuevo invitado aquí, en mi Hogar—. Y esto es cierto para todos nosotros. Es algo que genera una forma diferente de ver la vida, un modo muy distinto de sentirla, ¿verdad? Estés donde estés, estás en Casa. Esa es la verdad, así que ¡es mejor que nos acostumbremos a ella!

Peter: La vida nos visita.

Richard: Sí. Es sorprendente, un milagro, un don, un regalo. Increíble. ¿De dónde habéis salido?

Peter: Estamos fluyendo a través de ti.

Capítulo 38

Regresar al Hogar

Margaret: Normalmente no somos conscientes de este Espacio, no miramos en esta dirección, hacia aquí, hacia el lugar en el que estamos. Por lo común nos limitamos a mirar hacia afuera. Por lo tanto creo que ahora estamos expandiendo nuestra perspectiva para incluir ambas direcciones.

Richard: Sí. El bebé se limita a mirar hacia fuera, no se ve a sí mismo. Crecer es aprender a verse a uno mismo desde el punto de vista de los demás. Pero nos detenemos a medio camino, en nuestra apariencia humana. Nos imaginamos la apariencia que tenemos para los demás y, en cierto sentido, nos miramos a nosotros mismos, pero lo único que vemos normalmente es esa apariencia. Por ejemplo, ahora yo me estoy imaginando cómo soy, la apariencia que tengo desde vuestro punto de vista. Me imagino a Richard aquí. Sin embargo, cuando veo quién soy realmente ya he recorrido el camino entero de vuelta a Casa; ahora puedo mirarme a mí mismo y verme justo hasta el Centro, hasta el lugar en el que no hay Nada. Antes miraba en la dirección correcta, pero me detenía en mi propia cara. Ahora estoy recorriendo todo el camino hasta el Hogar, hasta mi No-cara. Por supuesto, en última instancia no hay ningún *aquí* ni ningún *allí*. Utilizamos estos términos únicamente de forma provisional. En cierto sentido, son los dos a la vez. Pero dado que tenemos estas ideas del aquí y el allí, podemos decir que hemos recorrido todo el camino hasta aquí, hasta nuestro verdadero Hogar.

Vuelve a apuntar con el dedo hacia ti mismo. Ahora, al mismo tiempo, apunta también con el índice de la otra mano hacia fuera —el gesto que corresponde al experimento de apuntar en las dos direcciones—. Estamos bajo la ilusión de que hay algo aquí, en nuestro Centro, así que lo que estamos haciendo ahora es disipar esa ilusión, simplemente mirando. Tenemos la ilusión de que estamos mirando hacia fuera desde un objeto, desde una cosa. Ahora comprobamos si esto es verdad.

Margaret: ¡Acabo de entenderlo! Creo que lo que has dicho sobre que nos detenemos en nuestro reflejo, en nuestra cara, es cierto. Nos detenemos ahí. Creo que nunca antes me había dado cuenta de verdad de ese hecho. Pero no tenemos por qué parar ahí; podemos seguir adelante.

Richard: Sí, todo el camino hasta Casa, hasta el Hogar.

Capítulo 39

Dos idiomas

Richard: En cierto sentido, cuando vemos quién somos realmente, es como si aprendiésemos a hablar en un idioma nuevo. Antes de esto, la palabra «yo» se refiere exclusivamente a ti mismo como persona. Pero cuando despiertas a tu Verdadera Naturaleza te das cuenta de que «yo» también puede referirse a ti mismo como el Uno que eres. ¿Quiere esto decir que ahora, por así decirlo, tenemos que cambiar un vocabulario por otro? Ahora que somos conscientes de nuestro Verdadero Yo, ¿tenemos que desechar el primer sentido de la palabra, el que se refiere a ti mismo como que persona? No. Ahora hablas dos idiomas distintos. El idioma que elijas para expresarte dependerá de a quién te estés dirigiendo. Cuando estás hablando con alguien que no sabe nada sobre su Verdadero Yo no utilizas la palabra «yo» para referirte al Uno, sino que la usas para referirte a ti mismo como persona. Así es que en ese tipo de situaciones yo usaría la palabra «yo» para referirme a Richard. Pero cuando estoy hablando con alguien que sí sabe quién es realmente, entonces puedo ir alternando entre los dos significados. Los niños que crecen con un progenitor francés y el otro inglés son capaces de empezar una frase en francés y terminarla en inglés, pueden moverse fácilmente entre los dos idiomas e ir alternando entre ellos. Con esto ocurre lo mismo. Puedes ser flexible. Hacerlo así resulta mucho más enriquecedor e inteligente que creer que has de ceñirte a un único idioma. Puedo decir, por ejemplo, que (yo) voy a coger el coche y (yo) voy a observar cómo el paisaje se mueve a través de mi Quietud. Ahí lo tenéis; he comenzado la frase como Richard —como la persona que se mueve— y la he terminado como el Uno que nunca jamás se mueve. ¿Por qué no? Si la persona con la que estás hablando también ve quién es realmente, te entenderá.

Kevin: Lo que ocurre es que la idea de ser el Uno no forma parte de nuestro lenguaje. Nuestro lenguaje aún no ha llegado a eso, aún no lo ha incluido. Lo está empezando a incluir ahora.

Richard: Sí, estamos aprendiendo un nuevo idioma.

Kevin: A veces escucho hablar a personas que se refieren a sí mismas como «este organismo» en lugar de decir «yo», su nombre o lo que sea.

Richard: Cuando te das cuenta de que esta experiencia es no verbal, dejas de poner el énfasis en expresarlo perfectamente bien con palabras. Si intentas decirlo todo con precisión y exactitud lo único que consigues es acabar hablando como un abogado: «Ahora la ira está surgiendo en este espacio»... A mí esa forma de hablar me parece bastante ridícula. ¿Quieres decir que estás enfadado?

Capítulo 40
Apertura incondicional

Richard: El hecho de que tú dejes de participar en el juego de la cara pero los demás quieran seguir jugando no es algo que tenga que importarte. De verdad que no. Que los demás jueguen al juego de la cara no significa que yo también tenga que participar en él. Además, no tomo la decisión de no jugar de forma separada e independiente de los demás, pues ahora me doy cuenta de quién soy como y para los demás. El Ver no se produce de forma separa del resto, pues es inherentemente inclusivo.

Ver quién eres realmente es algo totalmente no intrusivo, no impone nada a nadie. Más bien está relacionado con dejar que la gente sea como es, con acogerles plenamente tal y como son. Este Espacio está siempre Abierto incondicionalmente. No dice: «Voy a estar abierto para ti, pero siempre y cuando te comportes, siempre y cuando no participes en el juego de la cara». No. Me gustaría que te comportases, claro. También me gustaría que fueses consciente de quién eres realmente, pero si no haces lo que yo quiero que hagas, no importa: sigo siendo tú en todo caso. De hecho, no participar en el juego de la cara es un asunto privado. No depende de si los demás participan o no en él. En un cierto sentido, no tiene nada que ver con los demás. Simplemente te limitas a mirar por ti mismo, y eso es todo.

La mayoría de la gente no conoce ninguna otra forma de ser que no sea participar en el juego de la cara. Pero cuando alguien ve quién es, los demás lo notan. Es algo que resulta muy entrañable. En realidad, es puro amor. La gente empieza a pensar: «A mí también me gustaría ser así. Me gustaría probarlo». Cuando somos conscientes de nuestra Apertura estamos comunicándola constantemente a los demás. A nuestro propio modo, transmitimos esa Apertura a los otros.

Ser quien eres realmente es algo muy saludable, es estar verdaderamente cuerdo. Cuando Vemos, sentimos una compasión muy natural hacia aquellos que aún están inmersos en el juego de la cara, porque estas personas son totalmente inconscientes del tesoro que yace dentro de ellos mismos. Ya no les juzgas, no piensas: «Vosotros seguís jugando a ese juego pero yo no», porque ya no se trata de «yo» y «ellos»; estas categorías dejan de tener sentido alguno. Ahora abrazas y acoges a todos como parte de ti mismo.

Capítulo 41
El Ver es independiente de los sentimientos

Levanta las manos y explora con ellas los bordes de tu Ojo Único. A todo su alrededor, tus manos desaparecen en esta inmensa Apertura, en el Silencio, en la Quietud. Es algo no verbal, y tampoco tiene nada que ver con las emociones. Esta experiencia no depende en absoluto de si te sientes bien o mal. Simplemente estás siendo consciente de que no puedes ver tu propia cabeza. Es tan solo un hecho, una observación. Esta neutralidad es en realidad una gran ventaja, porque ser consciente de tu Verdadero Yo no depende de tu estado de ánimo. Está justo ahí, sea lo que sea que sientas —no puedes ver tu cabeza—.

Esta experiencia puede significar algo para ti o no. Puede que alguna persona del círculo tenga una reacción positiva muy intensa al ver que no tiene cabeza: «¡Vaya! ¡Es increíble!». Mientras que otra puede pensar: «Parece que James lo ha captado, pero yo no me siento para nada como él, así es que lo más seguro es que yo no lo haya pillado». ¡No! Tú también lo las pillado, también lo tienes, pero simplemente estás teniendo una reacción diferente ante ello. Eso es todo. Tenemos que distinguir claramente entre la experiencia, que es neutral y no verbal —no puedes ver tu cabeza, no puedes ver absolutamente nada aquí— y la reacción que sea que tengamos ante ella. Cada uno de nosotros va a reaccionar de forma distinta. Por lo tanto, lo que estoy haciendo es confirmar la validez de tu propia reacción, sea esta cual sea. Incluso si es del tipo: «Vale, ¿y qué?», esa también es una reacción válida, ¿no creéis? Claro que sí. Pero aún así, sigues sin poder ver tu propia cabeza. ¡Incluso si para ti no significa nada no puedes evitar tener la experiencia! ¿Cierto?

Mark: Sí.

Richard: ¿Crees que ahora estás teniendo una reacción de asombro?

Mark: No del todo, ¡pero sin duda estoy perplejo y algo confundido!

Capítulo 42
Compartir el Ver con los niños

James: ¿Qué puedes decirnos sobre compartir la conciencia de lo que realmente somos con niños pequeños?

Richard: Todos estamos constantemente surgiendo de este Espacio, pero los bebés y los niños pequeños lo hacen sin la complicación que supone ser consciente de uno mismo. En este sentido, son nuestros maestros. Lo que les enseñamos no es a ser Capacidad para el mundo, ¡sino cómo unirse al club humano! Esa es nuestra tarea. No les enseñamos a ser quien realmente son —en todo caso, ¡más bien serían ellos los que nos enseñan eso a nosotros!—. Así es que yo no sacaría este tema con un niño. Lo que le corresponde hacer al niño es aprender lo que tiene que hacer para unirse al club humano, aprender a jugar al juego de la cara. Por supuesto que si nos preguntan sobre ello o nos dicen: «Mami, ¿por qué yo no tengo cabeza?» —lo cual ocurre a veces—, puesto que ahora sabes a qué se está refiriendo puedes responder sus preguntas de una forma empática y constructiva. De una forma comprensiva, sin invalidar su experiencia. En cambio, si no conocieses por ti mismo esta realidad de no tener cabeza, entonces podrías limitarte a descartar su experiencia: «¡No seas tonto! ¡Claro que tienes cabeza!». Pero puesto que ahora eres consciente de ello, puedes decirle: «Sé a lo que te refieres. Yo tampoco puedo ver la mía».

James: ¿Y qué hay de los adolescentes?

Richard: Yo mismo era un adolescente cuando conocí esto, así es que supongo que algunos están interesados en saber quién son realmente y otros no. No hay ninguna regla al respecto. Pero, básicamente, lo normal es que los adolescentes estén ocupados descubriendo quién son como individuos en el mundo. Lo último que deseas a esta edad es ser un «don nadie». Lo que quieres es ser alguien. Es lo propio y resulta totalmente adecuado para ellos.

Tengo una amiga cuya madre era miembro de un grupo espiritual, de un grupo Advaita —un grupo no-dual—. A su madre no le gustaba usar la palabra «yo» porque la filosofía propia del grupo era que no existe ningún «yo». Así es que, por ejemplo, en lugar de decir que estabas enfadado tenías que decir algo como «la ira está emergiendo en mí». En todo caso, su madre, creyendo que estaba haciendo lo mejor para su hija, no usaba la palabra «yo» con ella. ¿Os hacéis una idea de lo confuso que eso tenía que resultar para ella? Mi amiga me comentó que cuando conoció la *Vía sin cabeza* le ayudó mucho, porque le permitió aceptar su propia realidad como persona a la vez que su realidad como el Uno. Obviamente, no había nada de malo en que pensase en ella misma con la palabra «yo» ni en que usara esa palabra. Si les decimos a nuestros hijos que no existe ningún «yo», que no existe el ego, el individuo, lo único que generarles problemas. Resulta obvio, ¿no creéis?

Por supuesto que si un adolescente nos pregunta sobre esto —igual que yo mismo preguntaba cuando tenía esa edad— y tú mismo sabes quién eres realmente, entonces estás en una posición excelente para responderle de forma positiva. Cuando alguien me pregunta sobre este tema, tenga la edad que tenga, yo le respondo. Pero en cuanto tengo la sensación de que ya no quieren escuchar más, piso el freno y dejo de hablarles de ello. Con un niño, un adulto, un adolescente... Da igual. Insistir a los demás con este tema resulta totalmente improductivo y además es poco respetuoso. Pero cuando alguien se dirige a nosotros para preguntarnos sobre ello, entonces podemos levantar el pie del freno y compartir nuestra experiencia con esa otra persona.

Capítulo 43
Una maldición se convierte en una bendición

Como hemos dicho, yo puedo experimentar directamente el Uno, pero tan solo puedo escuchar a los demás contarme acerca de su propia experiencia. Para mí está claro que no puedo probar la existencia de los demás. Por ejemplo, no puedo saber con seguridad lo que vosotros estáis pensando, sintiendo, etc. No puedo estar seguro de que sigáis existiendo cuando no puedo veros. Por todo esto, antes solía creer que la verdad era que los demás no existían cuando no podía verles y que no había ninguna otra consciencia aparte de la mía —que no había ninguna otra visión externa desde el Uno aparte de la mía—. Tan solo Yo Soy. Tan solo existe el aquí, tan solo el ahora. Pensaba: «Si, como parece, eso es cierto, entonces he de vivir en concordancia a ese hecho. No hay nadie más ahí fuera, así es que tengo que dejar de imaginar que los hay. ¡Déjalo ya, Richard!». Pero parte de mi deseo de liberarme de la ilusión de los otros no provenía simplemente de mi anhelo por vivir en base a la verdad; también esperaba que al librarme de la idea de «los otros» se resolvieran todos mis problemas —porque los otros eran el problema—. «Esta parece una buena manera de actuar, mirar a los demás sin sentir en absoluto que haya nadie ahí, ni, por supuesto, nadie aquí. Así toda consciencia de mí mismo desaparecerá y, con ella, todos mis problemas. Sin yo, sin otros, sin problemas». Esto es lo que intenté hacer, pero no pude. Fallé. No pude deshacerme de la idea de la existencia de los otros y de mí mismo. La sensación de la realidad de los otros persistió, así como la consciencia de mí mismo.

Me di cuenta de que aunque podía ver claramente que no había otros y aceptase que esto era cierto, seguía actuando *como si* en realidad sí que existiesen los otros, y no podía dejar de hacerlo. Actuaba como si tú estuvieses ahí y yo estuviese aquí. Actuaba como si existiese un «nosotros». No podía probar que existiera un «nosotros» pero tampoco era capaz de dejar de comportarme como si fuese cierto y real. Entonces, pensé: «Puede que mi problema no sea la idea del "nosotros", sino mi propia resistencia a ella. ¿Qué pasaría si me limito a reconocer mi derrota y admito que no puedo dejar de actuar de este modo? He sido condicionado tan profundamente en esta forma de ser que no puedo detenerla. No puedo dejar de actuar como si yo fuese real, como si las otras personas, los otros lugares y los otros tiempos fuesen reales. En lugar de resistirme a ello, voy a permitirme aceptarlo».

Al tiempo que hice eso comencé también a examinar más de cerca mi experiencia de la consciencia de mí mismo. Si echo la vista atrás en mi vida, para mí está claro que siempre he sido el Espacio, pero no siempre he sido Richard —cuando era un bebé, desde mi propio punto de vista no existíamos aún ni yo ni los otros—. A medida que fui penetrando en mi primera infancia y en mi niñez, Richard y los otros fueron emergiendo de la Consciencia. Fueron siendo cada vez más y más reales. O también podría expresarlo —puesto que yo soy la Fuente— diciendo que surgieron de mi propio Ser. Yo como el Uno me di a luz a mí mismo y a los demás. Me dividí en muchos.

Kierkegaard solía decir que la vida se vive hacia adelante pero se entiende hacia atrás. Comprendí que era cierto. Ahora, al mirar hacia atrás en mi vida, podía darme cuenta del significado de algunas experiencias que para mí no lo tuvieron en su momento. La distancia aporta perspectiva y nos ayuda a darle sentido a las cosas. Comprendí que no solo podía echar la vista atrás a mi desarrollo personal, a todos los cambios por los que había pasado como Richard para intentar darles sentido, sino que también podía volver la vista atrás para ver el modo en el que yo como Uno me había desarrollado —en particular al hecho de que comencé siendo Uno y luego me dividí en muchos—. Del mismo modo que podía echar una ojeada a mi vida personal y cuestionarme por qué hice alguna cosa en concreto, intentando comprender mis motivaciones inconscientes, mis intenciones ocultas —que tan solo ahora comenzaban a revelarse en mis actos; ahora que finalmente podía darme cuenta de a dónde me habían conducido las cosas—, ahora también comencé a mirar hacia atrás como el Uno y a preguntarme: «¿Por qué yo, en tanto que Uno, me he dividido en muchos? ¿Cuáles fueron mis intenciones inconscientes, mis motivos ocultos? ¿Qué es lo que esperaba conseguir olvidándome de que era el Uno y, en lugar de eso, convirtiéndome en «uno entre muchos»? ¿Por qué actué de esta manera si la presencia del «yo» y de los «otros» ha demostrado ser tan problemática? ¿Por qué no me limité simplemente a permanecer en mi estado original de Unidad, de Soledad, y evitarme así todo este estrés?

Me vino una respuesta en forma de una especie de historia, un mito sobre el Uno convirtiéndose en los muchos. Es el relato del que os he hablado antes en este taller. Como el Uno aparecí de la nada. Sucedí, tuve lugar, ocurrí. ¡Maravilla de maravillas! Una vez que, milagrosamente, había conseguido Ser, quería compartir la maravilla y la dicha que sentía por haberme creado a mí mismo, pero no había nadie más ahí con quien poder compartir mis sentimientos; tan solo yo había brotado de la nada. Así es que entonces, habiendo conseguido el logro imposible de crearme a mí mismo de la nada, logré una segunda cosa igualmente asombrosa: ¡creé a los otros para poder tener alguien con quien hablar! Esta creación llevo aparejada un cierto periodo en el que me olvidé de que era el Uno y me convertí en una persona —la etapa del adulto—. Aquí fue cuando me convencí de verdad de la realidad de mí mismo como persona y de la realidad de los demás, sin tener idea alguna de que yo fuese el Uno.

Ahora, en la cuarta etapa del veedor, aún sigo profundamente identificado con Richard y sigo siendo muy consciente de los «otros», pero también veo con claridad quién soy realimente. Además, también hay «otros» en mi vida que, al igual que yo, se dan cuenta de lo que son de verdad. Esto significa que mi sueño original se ha hecho realidad. He conseguido lo que quería: ahora estoy con otros con los que puedo compartir mi alegría, nuestra alegría por Ser. ¿Cómo se le ocurrió al Uno esta solución a sus problemas de soledad? Es puro genio. Aunque supongo que en el momento no sabía lo que estaba haciendo y que tan solo ahora, a través de nosotros, está comenzando a darse cuenta y a valorar lo que hizo.

Es muy distinto abrirse a algo, aceptarlo, que resistirse a ello. En un cierto sentido nada ha cambiado. Sigo estando tan identificado con Richard y tan convencido de la realidad de los otros como siempre lo he estado. Pero este sentido de separación lleva consigo el sufrimiento. ¡Qué no daría yo para poder regresar a la paz eterna, a la quietud de ser el Único, el Uno sin otros! Bueno, ¡pues no daría nada en absoluto! No quiero volver a eso, no quiero dar marcha atrás. ¡Eso es exactamente de lo que quería escapar! Ahora me doy cuenta de que el propósito de «crecer», el sentido de tener que pasar por la dolorosa experiencia que es convertirse en una persona, consiste en preparar el terreno para la siguiente etapa, la del veedor. Empecé siendo el Uno sin otros, el Uno sin segundo. Después me olvidé por completo de que era el Uno y me convertí en «uno entre muchos». Afortunadamente no me detuve ahí y redescubrí el Uno, transformándome así finalmente en el «Uno que a la vez es los muchos». Mi sueño era tener compañía. Mi sueño era poder compartir la maravilla y la alegría que siento por Ser, y ahora este sueño se ha hecho realidad. Hoy, durante todo el día, he estado celebrando con vosotros el milagro de quién somos realmente.

¡Qué inteligente es el Uno! Lo que veía como un problema —la sensación de separación— ha acabado convirtiéndose en una de las grandes invenciones del Uno. Al reconocer esto, mi resistencia a sentirme separado se derrite, se desmorona. Comienzo a aceptar —y después a dar la bienvenida activamente— la experiencia de estar separado. La maldición del «yo» y los «otros» se está transformando en la bendición del «yo» y los «otros».

Capítulo 44

Fin

Muy bien, ¡hemos llegado al final del taller! ¡Ha sido genial estar con todos vosotros! Es fantástico centrar nuestra atención en el Ver, ponerlo en primer plano durante todo el día. Y ha sido un verdadero placer compartir todas las distintas reacciones y respuestas que hemos tenido a este Milagro que somos. Espero volver a veros —y a ser vosotros— pronto.

Ahora, ¡voy a poneros de nuevo en el Vacío del que salisteis!

Epílogo

Si estás interesado en conocer más a fondo las implicaciones y aplicaciones de la *Vía sin cabeza* puedes encontrar muchos y muy valiosos recursos en nuestra web *headless.org*. En ella también encontrarás una lista de libros disponibles y un enlace a nuestro canal de YouTube, en el que podrás encontrar muchos vídeos relacionados con este tema.

Si estás interesado en conocer a otras personas que también estén explorando lo que es vivir desde lo que son realmente, semanalmente llevamos a cabo encuentros por videoconferencia online gratuitos especialmente dirigidos a aquellas personas que han realizado los experimentos y están interesadas en explorar este método en compañía de otra gente.

Para más información puedes contactar con Richard en la siguiente dirección de correo electrónico: *headexchange@gn.apc.org*

www.ingramcontent.com/pod-product-compliance
Lightning Source LLC
Chambersburg PA
CBHW022101090426
42743CB00008B/677